세상에 대하여 우리가 더 잘 알아야 할 교양 15

지은이 | 옮긴이 소개

지은이 은우근
광주대학교 신문방송광고학부 교수(철학박사)이며, 학내 인권과삶의질 연구소장을 맡고 있습니다. 2012년 현재 위스콘신주립대(매디슨) 명예연구원으로 활동 중입니다. 광주광역시 인권도시원탁회의 위원장, 노무현 대통령소속 아시아문화중심도시조성위원회 위원, 국가인권위원회 인권정책 자문위원, 전남교육청 교육공동체 인권조례제정 자문위원회 부위원장, 5·18기념재단 이사/기획위원장, 워싱톤주립대(시애틀) 객원연구원 등을 역임하였습니다. 지은 책으로 《이솝, 보비 샌즈와 함께 자유를 사색하다》가 있고, 주요 논문으로 〈부끄러움 또는 질문하는 역사의식〉 〈인권거버넌스의 실현으로서 인권도시〉가 있으며, 옮긴 책으로 《인권의 발견》이 있습니다. 이 책은 2011년 '올해의 인권책'으로 선정되었습니다.

지은이 조셉 해리스
영국 옥스퍼드대학의 세인트 앤 칼리지 St Anne's College에서 최우수 등급 학위를 받았습니다. 대학원 과정에서는 아시아 문제에 특히 관심을 가지고 연구를 수행했으며, 이후 논픽션 작가가 되어 글을 쓰고 있습니다. 지은 책으로 《핵확산, 우리가 아무것도 하지 않는다면 어떻게 될까?》 《우주 탐험》 《티베트》 등이 있습니다.

옮긴이 전국사회교사모임
1989년 출범한 전국사회교사모임은 학교 현장과의 밀착성을 바탕으로 지금 우리 교실에 꼭 필요하고 적합한 민주시민 교육을 위해 끊임없이 노력하는 단체입니다. 사회 교사로서 현실적이고 전문적인 감각을 갖추기 위해 정치·경제·법·문화 등의 책을 함께 공부하고, 이를 바탕으로 학생들을 위한 다양한 수업 자료를 개발해 보급하고 있습니다. 세더잘 시리즈 《01 공정무역, 왜 필요할까?》 《02 테러, 왜 일어날까?》 《03 중국, 초강대국이 될까?》 《04 이주, 왜 고국을 떠날까?》를 번역하였고, 《06 자본주의, 왜 변할까?》를 감수하였습니다.
이수영(창북중학교 교사), 장경주(시흥중학교 교사), 김상희(도봉중학교 교사), 한선아(한영중학교 교사), 김준휘(저동고등학교 교사), 박재열(중산고등학교 교사).

세상에 대하여 우리가 더 잘 알아야 할 교양

은우근, 조셉 해리스 글 | 전국사회교사모임 옮김

15

인권
인간은 어떤 권리를 가질까?

내인생의책

차례

글쓴이의 말 - 6

1. 인권이란 무엇일까요? - 9

2. 인권 개념은 어떻게 성장했을까요? - 19

3. 어떻게 인권을 보호할 수 있을까요? - 43

4. 시민·정치적 권리 : 자유권 - 53

5. 경제·사회·문화적 권리 : 사회권 - 85

6. 인권 운동은 인류에게 어떤 영향을 끼쳤을까요? - 105

세계인권선언 - 122
대한민국 헌법 속 국민의 권리 - 126
더 알아보기 - 128
찾아보기 - 131

| 글쓴이의 말 |

　청소년 여러분, 행복하십니까? 여러분의 권리가 제대로 실현되는 가운데, 꿈에 부풀어 내일을 생각하고 벗들과 즐거운 학교생활을 하고 있나요?

　여러분이 인간다운 삶을 누릴 권리는 어떻게 발견되었고 어떤 근거를 가지고 있을까요? 오랜 시간 인류는 인간다운 삶의 기준이 되는 권리가 무엇인가를 찾고자 했고, 그것이 실현되는 세상을 만들고자 노력해 왔습니다. 인권은 인류가 합의한 가장 중요한 가치 기준입니다. 하지만 그 기준을 찾기 위한 논의가 완전히 끝난 것은 아닙니다. 이 점에서 인권은 지금 만들어지고 있는 개념이기도 합니다.

　전제군주와 귀족이 지배하던 시대에 절대 다수의 인류는 인간답게 살 권리를 지니지 못했고, 그것을 당연한 양 여겼습니다. 하지만 인류는 근대에 와서 인권과 민주주의의 가치를 자각했고 근·현대의 위대한 혁명을 통해서 그 가치를 실현하고자 했습니다. 그런데 인류는 20세기에 엄청난 전쟁을 두 번 치렀습니다. 인류가 오랜 세월 많은 노력을 기울여 이룩한, 값을 매길 수 없는 문명들이 돌이킬 수 없이 파괴되고 수천만의 목숨이 희생되었으며, 대체할 수 없는 자연계의 많은 생명들이 사라져 버렸습니다. 이런 과정을 겪고 나서 인류는 인간이 모두 함께 마땅히 누려야 할 최소한의 권리를 설정하고 선언했습니다. 바로 1948년에 선포된 세계인권선언이지요.

세계인권선언이 서구의 몇몇 강대국에 의해 주도되었다고 비판받기도 하고, 그런 비판이 전혀 근거가 없는 것은 아닙니다. 하지만 이 선언에는 프랑스혁명, 러시아혁명, 미국의 독립혁명, 영국의 시민혁명 그리고 우리 민족의 갑오농민혁명 등을 통해 각 민족과 나라별로 힘들게 발견한 핵심 가치가 담겨 있음을 결코 부인할 수 없습니다. 비록 많은 우여곡절과 굴절, 우회의 경로를 밟을 수는 있겠지만, 인류의 역사는 모든 인간이 자유롭고 평등하며 우애를 나누는 평화로운 세계로 나아갈 것입니다. 우리는 그런 세계를 이루기 위해 노력해야 합니다.

이 책은 모든 인간이 국적, 인종, 나이, 성별, 직업을 불문하고 마땅히 누려야 할 권리로서 인권이 무엇인가를 소개하고, 인권의 기준과 입장으로 오늘의 세계와 우리 사회의 현실을 바라보고자 합니다. 이 작업은 사실 그리 간단한 것이 아닙니다. 방대한 철학적 성찰과 역사적 고찰, 다양한 관점의 토론이 따라야 하는 일이지요. 하지만 그것을 청소년 여러분이 간결하게 이해할 수 있도록 핵심을 간추렸습니다. 아무쪼록 이 작은 책이 인권의 시각으로 세계와 자신의 삶을 다시 발견하고, 행복한 인생을 열어 가는 데 도움이 되길 빕니다.

2012년 9월, 위스콘신주립대학교(매디슨)에서 은우근

인권이란 무엇일까요?

CHAPTER 1

인권처럼 아는 만큼, 주장하는 만큼 보호받고 향상되는 것도 드뭅니다. 우리가 인권을 알지 못하고 지켜 내지 못하면 인권은 퇴보할 수 있다는 점을 명심해야 합니다.

인권에 대한 개념은 최근에 생겨났습니다. 원래부터 있었던 개념이 아니라는 말입니다. 세상의 모든 것은 역사를 지닙니다. 개념이라는 것도 그것이 어떻게 시작되고 어떻게 발전했다는 역사가 있어요. 인권 개념도 어느 날 갑자기 하늘에서 뚝 떨어진 게 아니에요. 여러분은 사람이 태어나면서 자연적으로 가지는 권리가 인권이므로 옛날 사람들도 인권을 누렸을 거라고 생각할지 모릅니다. 그러나 인권 개념은 20세기 중반에 이르러서야 비로소 확립되었답니다. 인권이 누구에게도 양도할 수 없는 권리라는 생각에 대부분의 사람들이 공감하게 된 것도 최근 들어서지요.

　인권은 인류가 싸워서 얻어낸, 역사 발전의 산물입니다. 누가 어떤 권리를 소유해야 하는지 논쟁하고 투쟁하는 과정에서 인권의 개념이 탄생한 것이지요. 인권처럼 아는 만큼, 주장하는 만큼 보호받고 향상되는 것도 드뭅니다. 우리가 인권을 알지 못하고 지켜 내지 못하면 인권은 퇴보할 수 있다는 점을 명심해야 합니다.

우리는 이 책을 통해 인류가 어떻게 인권 개념을 발견하고 보호하고 발전시켜 왔는지, 그 역사적 발자취를 찾아볼 것입니다. 그리고 시민·정치적 권리에는 무엇이 있고 경제·사회·문화적 권리에는 무엇이 있는지, 인권의 종류를 구체적으로 살펴봅니다. 마지막으로 인권 운동이 우리 인류에게 어떤 영향을 끼쳐 왔는지 점검하며, 인류의 권리이자 의무로서의 인권에 대해 성찰합니다.

인권은 마치 마당 앞에 있는 한 그루 나무와 같습니다. 물과 거름을 주고 잘 보살피면 우리에게 더 좋은 열매와 더 넓고 시원한 그늘을 내어 줄 것입니다. 반대로 내버려 두면 눈 깜짝할 사이에 시들어, 달콤한 열매와 시원한 그늘은 흔적 없이 사라질 것입니다. 자, 이제 인권의 세계를 탐험해 볼까요?

인권의 보편성

인권은 모든 인간에게 공통으로 적용되는 '보편성'을 가진다는 점에서 특별합니다. '보편적인'이란 뜻의 영어 'universal'에는 '우주적인'이라는 의미도 포함됩니다. 윌리엄 탤벗 교수는 인권이 보편적이라는 의미를 설명하기 위해, 인권이 외계인에게까지도 적용될 수 있는 것이라고 말합니다.[1] 가령 인간이 외계인을 만났을 때 우리가 외계인의 노예가 되고 싶지 않다면, 우리도 외계인을 노예로 삼아서는 안 된다는 것이지요.

---

1 윌리엄 J. 탤벗, 《인권의 발견》, 은우근 옮김(한길사, 2011), 359~360면.

인권은 보편성을 지니므로, 국가마다 다르게 정한 법적 권리와는 다릅니다. 인권은 지역마다 법과 관습에 차이가 있음을 인정하면서도, 모든 인간이 최소한 어떻게 대우받아야 하는지에 대해 기본적인 원리·원칙을 말하고 있어요.

　그런데 현실에서는 인권이 제대로 보호되지 못하는 경우가 많습니다. 사람들이 정부 정책에 반대하면 정부가 이를 폭력적으로 탄압하는 일이 세계 곳곳에서 벌어지고 있어요. 이러한 정부의 행위는 '인권 침해'에 해당합니다.

아프리카 차드 사람들이 집과 고향에서 쫓겨나 난민촌에 들어와 살고 있는 모습이다. 매년 전 세계 수백만 명의 사람들이 전쟁과 자연재해 때문에 집을 잃는다. 이처럼 아직도 세상에는 음식과 물이 절대적으로 부족해 인간다운 생활을 누리지 못하는 사람들이 많다.

문화적 차이

어떤 사람들은 문화, 종교 그리고 정치적 신념에 따라 인간의 기본적 권리에 대한 이해가 다를 수 있다고 생각합니다. 나라나 문화에 따라 인권의 의미가 달라질 수 있다는 것이지요. 러시아나 중국과 같은 나라들은 때때로 서구 국가가 서구의 가치를 다른 나라에 강요할 때 인권을 구실로 이용한다고 불만을 토로합니다. 하지만 인권 운동가들은 인권이 사람들을 특정한 양식으로 살도록 강요하는 수단이 아니라고 반박합니다. 인권은 문화적 차이를 뛰어넘는 것이고, 인간의 존엄성과 가치는 언제 어디서든 보장되어야 한다고 말합니다.

국가 주권

인권을 강화하기 위한 노력은 종종 국가 주권의 원리와 갈등을 일으켜 왔어요. 국가의 주권은 대내적으로 최고이며, 대외적으로 자주성과 독립성을 지닙니다. 다시 말해, 국가는 자국의 영토 내에서 누구의 방해도 없이 원하는 것을 자유롭게 할 수 있습니다. 그래서 국가 주권을 말하는 이들은 "내 나라에서 내 백성을 내 마음대로 하는데 왜 인권을 들먹이며 귀찮게 하느냐?"라고 항의하는 것이지요.

현대 인권 이론에 의하면 국가의 권리는 인권을 침해하지 않는 선에서 보장됩니다. 심지어 인간 주권, 즉 인권이 국가 주권에 앞선다고 주장하는 사상가들도 있어요.

그러나 현실에서는 어떤 국가도 다른 나라의 내부 문제에 간섭하는 것을 내키지 않아 합니다. 그런 간섭이 국제 갈등을 불러올 소지가 많기 때문이에요. "그렇잖아도 우리나라 일을 처리하느라 정신없는데, 머나먼 타국의 인권 침해까지 왜 신경을 써야 하느냐?"는 무관심도 작용하지요. 그래서 어느 국가에서 끔찍한 인권 침해가 벌어져도, 국제사회는 그 일에 개입하는 데 쉽사리 합의하지 못합니다.

권리 간의 균형

인권이란 자유의 개념과 아주 밀접한 관련이 있어요. 인권은 자유를 보장합니다. 삶을 누릴 자유, 선택의 자유, 기회를 가질 자유 등을 보장하는 것이지요. 자유는 사람들에게 바람직한 것과 하고 싶은 것을 선택하고 결정할 수 있게 합니다.

개인의 자유와 집단의 자유는 때로 충돌을 일으킵니다. 개인의 자유끼리 서로 충돌하는 경우도 있습니다. 예를 들어 흡연자는 담배를 즐길 수 있는 권리를 가지고, 비흡연자는 담배 연기로부터 자유로울 수 있는 권리를 가집니다. 이 둘은 동시에 충족될 수 없지요. 이처럼 자유가 충돌할 때는 큰 갈등이 일어날 수 있어요. 그래서 사회는 서로 충돌하는 자유 사이에 균형을 잡으려고 미리 기준을 설정하거나 분쟁을 조정하는 등의 역할을 수행합니다.

권리와 의무는 연관성이 있습니다. 우리는 다른 사람의 정당한 권리를 보장할 의무가 있어요. 예컨대 범죄자는 감옥에 갇히면서 자유롭게 살 권리가 제한되지만, 이것은 범죄자에 대한 인권 침해가 아닙니다. 범죄를 저질렀다면 이미 다른 사람의 권리를 침해한 것이므로, 범죄자가 자유롭게 살 권리보다 다른 사람들이 안전하게 살 권리가 우선합니다.

그러나 권리 간의 균형을 맞추는 일이 언제나 쉬운 일은 아닙니다. 권리 간의 균형을 잡을 때 가장 기본적인 원칙은, 오직 합리적인 정당성이 있을 때만 권리를 제한할 수 있다는 것입니다. 누구나 음악을 크게 들을 권리가 있습니다. 하지만 다른 사람에게 폐를 끼치지 않을 때로 한정해야 합니다. 물론 사람마다 '합리적인 이유'에 대한 판단이 다를 수 있어요. 그래서 권리 간에 어떻게 균형을 맞출 것인지에 대해 늘 말이 많을 수밖에 없지요.

이처럼 권리와 의무는 상호 의존적입니다. 한편 권력자들은 사람들의 권리를 약화시키거나 인정하지 않기 위한 핑계로 의무와 책임을 앞세우곤 합니다.

권리와 의무, 둘 중 어떤 것이 더 우선할까요? 당연히 권리입니다. 왜냐하면 권리가 없는 상태에서 책임과 의무를 부과할 수는 없기 때문입니다. 자유롭게 결정하고 실행할 권리가 주어졌을 때, 그 과정과 결과에 대한 책임을 지는 것도 가능하겠지요.

인권 운동가들이 지구 온난화를 막기 위해 이산화탄소 배출량을 줄이라고 요구하며 시위를 하고 있다. 화석 연료를 태울 때 발생하는 이산화탄소 등의 온실가스가 지구 온난화 현상을 일으킨다고 알려졌기 때문이다. 이 시위는 대중교통이나 산업화의 혜택을 누릴 권리와 깨끗한 환경에서 살 권리가 서로 충돌하고 있음을 보여 준다.

2009년 7월 헝가리에서, 인종차별을 옹호하는 단체의 회원들이 전투경찰들과 충돌하는 장면이다. 이 단체는 인종 갈등을 악화한다는 이유로 법원으로부터 해산 명령을 받았다.

권리의 다양한 형태

권리 또는 인권에 관한 논의는 크게 두 가지 범주로 나눌 수 있습니다. 하나는 '시민·정치적 권리'이며, 다른 하나는 '경제·사회·문화적 권리'입니다. 간단히 설명하면, 시민·정치적 권리는 국가와 관련된 인권입니다. 시민·정치적 권리는 국가가 사람들을 탄압하는 것을 방지하며, 사람들이 자신의 뜻에 따라 살아갈 수 있도록 해 줍니다. 경제·사회·문화적 권리는 사람답게 살 수 있는 생활을 영위할 권리와 더 나은 기회를 가질 권리, 자아실현을 할 권리를 말합니다. 두 가지 형태의 권리에 대해서는 뒤에서 다루도록 하겠습니다.

함께 토론해 봅시다!

나라마다 문화가 다르고 경제·정치적 상황이 다르며, 개인도 저마다 인성 등에서 차이를 보입니다. 그런데 전 세계 모든 사람이 똑같은 기본적 권리를 가져도 될까요?

당연히 그래야지요!
- 권리 가운데에는 보편적 인권으로 여겨지는 기본권이 있습니다.
- 문화적 차이는 존중되어야 하지만 어느 문화에서도 용인되지 않아야 할 풍습도 존재합니다.
- 인권이 모든 사람에게 동등하게 적용되지 않는다면, 인권의 의미는 사라져 버려요.

그건 아니에요!
- 지역마다 문화적 차이가 크기 때문에 인권의 잣대만으로 모든 사회를 바라보는 것은 애초에 무리입니다.
- 그 누구도 전 세계 모든 사람이 따라야 할 인권 목록을 결정할 권리가 없어요.
- 어떤 사회는 개인의 권리보다 집단의 권리를 중시합니다. 인권에 대한 서구의 생각은 그런 사회에서는 전혀 맞지 않아요.

여러분의 생각은 어떤가요?

2
CHAPTER

인권 개념은 어떻게 성장했을까요?

인류는 평화로운 상황에서야 비로소 서로를 존중하고 삶의 기본권을 누립니다. 평화는 단지 전쟁이 없는 상태가 아니에요. 가난, 부당한 억압, 폭력이 사라져야 참다운 평화가 찾아옵니다.

인권 이론은 최근에 이르러 발달하기 시작했습니다. 그러나 옛날에도 인권과 유사한 개념이 존재했답니다. 예를 들면, 공화정 시대 로마(B.C.509~B.C.27)에서는 지배자의 권력이 시민의 권리를 넘어서는 것을 제한하는 법률이 있었습니다. 그러나 아쉽게도 모든 사람이 이 법률의 혜택을 본 것은 아니었어요. 이 법은 시민권을 가진 로마 사람만을 보호할 뿐이었지요. 당시 로마는 외국인과 노예에게 권리를 인정하지 않았다는 뜻입니다. 20세기까지도 사람들은 인간의 보편적 권리에 대해 인지하지 못했어요. 이 장에서는 제2차 세계 대전까지 인권이 어떻게 성장해 왔는지 살펴보도록 하겠습니다.

노예의 기원과 로마 시대 노예 반란

노예는 인간으로서의 자유와 권리를 빼앗기고 타인의 소유물이 된 사람을 말합니다. 노예제는 신석기 시대 때 농경이 발명된 이후 본격적으로 출현했어요. 노예제는 거의 모든 고대사회에서 나타났습니다. 고대 아테네는 대략 인구의 절반이 노예였지요. 하지만 아리스토텔레스

1960년에 제작된 스탠리 큐브릭 감독의 영화 〈스파르타쿠스〉. 칼 마르크스와 체 게바라는 가장 존경하는 인물로 스파르타쿠스를 꼽았다고 한다.

같은 철학자들도 노예제의 부당함을 인식하지 못했어요.

공화정 시대 로마는 정복 전쟁을 통해 유럽과 지중해 전역에서 온갖 민족을 잡아 와 노예로 삼았습니다. 고대 로마의 인구 중 적어도 25퍼센트 이상이 노예였다고 합니다. 로마 공화정 말기에는 노예제가 로마 경제의 중요한 기반이었어요. 노예는 노동뿐 아니라 검투사나 성 노예와 같이 오락을 목적으로 쓰이기도 했습니다. 억압받던 노예들이 몇 차례 반란을 일으키기도 했는데, 스파르타쿠스가 주도한 노예 반란이 대표적이에요. 스파르타쿠스는 글을 읽지 못했지만 지혜롭고 용맹했으며, 덕을 갖추고 있어서 동료 노예들로부터 존경을 받았다고 전해집니다.

우리나라 노비의 기원과 처지

우리 역사에도 서양의 노예와 비슷한 노비奴婢가 있었습니다. 노비를 흔히 '종'이라고 불렀는데, 노奴는 남자 종을, 비婢는 여자 종을 가리킵니다.

고대국가가 출현하면서 귀족·평민·천인의 신분제도가 성립되었습니다. 고조선의 8조법이나 부여의 법률에서 노비제를 확인할 수 있어요. 이후에도 조선 시대까지 노비제는 쭉 이어져 왔습니다. 노비는 크게 국가기관에 속해 있는 공노비公奴婢와 개인에게 속해 있는 사노비私奴婢로 나뉩니다. 공노비는 재산 소유나 가정생활에 있어 사노비보다 비교적 자유로웠어요. 그러나 사노비는 주인의 재산으로서, 주인은 노비를 사고팔거나 자식이나 타인에게 넘겨줄 수 있었어요. 게다가 노비는 반드시 노비와 결혼해야 했으며, 노비가 평민과 결혼하는 경우 자식은 모두 노비가 되었답니다.

조선 순조 22년(1822)에 작성된 문서로, 가난한 사람이 자신을 노비로 판다는 내용을 담고 있다. 조선시대에는 이런 일이 가능했지만 오늘날에는 자발적 의사에 의하더라도 자신을 노예로 매매하는 것은 불법이다.

이러한 노비제는 고종 23년(1886)에 노비의 세습을 금함으로써 부분적으로 개혁이 이루어졌어요. 그러다 1894년 갑오개혁 때 노비제는 폐지되어 형식상 사라졌습니다.

일본의 천민

부라쿠민(部落民, ぶらくみん)은 근대 이전 일본의 신분제도에서 최하층에 있던 천민입니다. 부라쿠민은 아이누인, 재일 한국인, 재일 중국인,

오키나와인과 함께 일본 내의 대표적 소수 집단입니다.

일본은 19세기 후반의 메이지 유신 이후, 부라쿠민 해방령을 공포하여 신분제를 철폐하는 동시에 천민에 대해서도 일반 국민(평민)의 지위를 부여했습니다. 그러나 천민과 동등한 지위라는 사실을 인정하지 못하는 평민들이 곳곳에서 해방령 반대 운동을 벌였어요. 부라쿠민에 대한 일본 사회의 차별 의식이 얼마나 뿌리 깊은지 알 수 있지요. 아직까지도 일본에서는 부라쿠민 출신이라는 이유로 취직, 결혼 등에서 불이익을 당하는 일이 많습니다.

우리나라는 일제 강점기에 전통적 신분 관념이 약화되었고, 한국전쟁이라는 대 혼란기와 몇 차례 변혁 운동을 거치면서 천민에 대한 차별 의식이 사실상 사라졌습니다. 반면 일본에서는 천민 차별의 봉건적 잔재가 여전히 남아 있어요. 이처럼 제도가 바뀌더라도 사람들의 의식이 그대로라면 인권은 향상되지 않습니다.

세계의 종교

종교는 대부분 인권을 옹호합니다. 유대교 율법(토라)에 의하면, 신은 십계명 가운데 제6계명에서 살인을 금지하였고, 타인의 생명을 존중하라고 했지요. 기독교 메시아인 나사렛 예수도 제자들에게 서로 사랑하고 존경하라고 가르쳤습니다. 이슬람교도 마찬가지입니다. 모든 무슬림은 어려운 처지에 있는 사람들에게 자비를 베풀라고 가르칩니다. 고대 힌두 법에서는, 모든 사람은 폭력과 궁핍으로부터 자유로운 삶을 살 수 있어야 한다고 했습니다. 또한 불교의 핵심은 폭력을 피하고 다른 생명을 존경하는 것에 있지요. 유교도 인간관계에서 가장 중요한 덕목으로 인(仁, 어질다)을 강조합니다. 우리나라 건국 신화의 홍익인간(弘益人間, 널리 인간을 이롭게 하다) 사상이나 동학의 인내천(人乃天, 사람이 곧 하늘이다) 사상에도 인권 개념이 드러나 있지요.

종교의 가르침이 보편적 인권 개념과 동일한 것은 아닙니다. 왜냐하면 인권의 기본 속성은 권리인데, 종교의 가르침은 의무이기 때문입니다. 그렇지만 우리 사회에 보편적 인권의 필요성을 심어 주는 데 종교가 큰 역할을 한 것이 사실이에요. 일부 종교의 권위주의가 인권을 억압한 적도 있지만 말이지요.

맹자의 왕도 정치와 역성혁명

중국의 맹자(孟子, B.C.372?~B.C.289?)는 공자의 사상을 발전시켜 후세에 유교를 전하는 데 큰 영향을 끼친 사상가입니다. 맹자는 옛날 성왕聖王들의 정치, 즉 '왕도王道 정치'를 주장했습니다. 왕도 정치란 권력이 아니라 덕으로 다스리는 덕치德治를 말합니다. 강제 노역이나 전쟁 없이 백성의 삶을 안정시키고 도덕 교육을 행하여 인륜人倫의 길을 가르치면 모두가 기뻐하여 따른다는 것입니다. 왕도 정치는 도덕과 평화를 추구하는 인간 존중의 정치이지요.

맹자는 또한 역성혁명易姓革命 사상을 주장합니다. 아무리 왕이라도 백성의 뜻을 배반하고 인의仁義에 어긋나는 행동을 하면 이미 군주가 아니라 한 평민에 불과하다는 것입니다. 여기서 맹자는 임금과 신하 간의 도리인 의義를 넘어선 천명(天命, 하늘의 뜻)을 설정하고 있습니다. 즉 백성의 뜻을 배반한 왕은 하늘의 명령을 거역하였으므로 더 이상 왕이 아니라는 것이지요. 맹자의 역성혁명 사상은 인권과 민주주의 사상을 담고 있다는 측면에서 비슷한 시기의 서양 사상가나 스승인 공자를 앞서고 있습니다.

맹자의 역성혁명 사상은 오늘날 시민의 저항권, 즉 정치적 자유권으로서의 인권과 직결됩니다. 백성이 군주를 선택할 수 있다는 생각이 포함되어 있으니까요. 이러한 맹자의 사상이 출현한 시기는 아테네에서 민주정치가 꽃핀 시기와 큰 차이가 나지 않습니다. 인권과 민주주의 개념이 서양에서 비롯했다는 주장이 꼭 옳은 것은 아니지요.

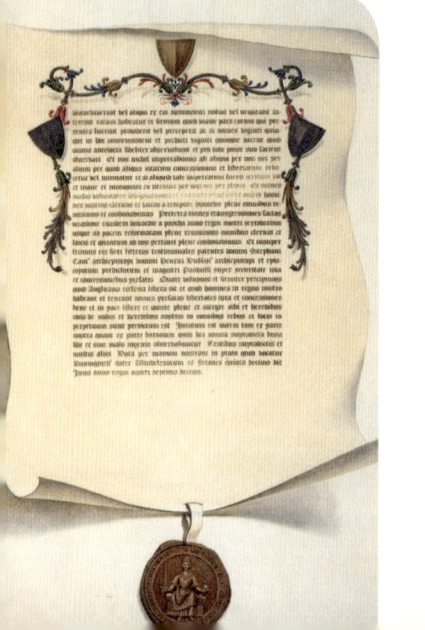

마그나 카르타는 자유에 대한 영국의 사상을 드러낸 공식 문서다. 1215년 6월 15일 템스 강변의 루니메드에서 존 왕은 이 문서에 승인해야만 하는 상황에 놓였다. 문서에 달린 왕의 표시물은 존 왕이 동의했음을 보여 준다.

마그나 카르타

마그나 카르타(대헌장)는 인류의 인권에 대한 생각이 발전하는 데 아주 중요한 역할을 한 문서입니다.

《로빈 후드》 이야기에서 비열한 악역으로 등장한 바 있는 영국의 존 왕(1166~1216)은 평판이 좋지 않은 지배자였어요. 1215년에 영국 영주들은 존 왕이 마그나 카르타에 서명하도록 했습니다. 마그나 카르타는 왕권을 제한하는 내용을 담고 있습니다. 그 결과, 왕은 새로운 세금을 부과하기 전에 영주의 동의를 구해야 했고 재판을 거치지 않고서는 사람들을 감금할 수 없게 되었어요. 존 왕은 스스로 의도하지 않았지만, 왕권보다 법이 우위에 있다는 것을 인정한 최초의 왕이 되었습니다.

그러나 마그나 카르타는 일반 백성을 상대로 한 인권 선언이 아니었습니다. 봉건 영주만을 위한 권리장전이지요. 그렇지만 마그나 카르타는 왕권이 법 위에 있지 않다는 생각을 심어 주었어요. 또한 사람들이 헌장에 '기록된' 권리를 요구하게끔 만드는 시발점이 되었어요. 마그나 카르타는 법 앞에 만인이 평등하다는 생각을 하게 해 준 위대한 상징물로 인정받고 있습니다.

시선집중 윌리엄 드 브리오즈

존 왕의 만행이 가장 잘 드러난 것은 윌리엄 드 브리오즈 사건에서였다. 1208년에 존 왕은 브레콘의 영주인 브리오즈에게 돈을 빌려달라고 요청한 뒤, 브레콘에 군대를 파견했다. 돈을 빌려주지 않으면 군대의 힘을 동원하여 빼앗겠다는 협박이었다. 존 왕은 브리오즈의 휴전 제의를 거절하고, 도망치는 브리오즈를 추격하였다. 결국, 브리오즈는 아무 범죄도 저지르지 않았지만 1211년 프랑스로 추방당해 죽음을 맞이한다. 브리오즈의 아내와 장남 또한 옥살이를 하다가 감옥에서 굶어 죽었다고 전해진다. 마그나 카르타는 이러한 존 왕의 권력 남용으로부터 사람들을 보호하기 위한 것이었다.

존 왕은 1199년부터 1216년까지 영국을 통치했다. 존 왕은 교회 및 귀족들과 첨예하게 대립했으며, 프랑스에 있는 영국 영지도 잃었다. 이런 패배로 존 왕은 왕권을 제한하는 최초의 법에 서명할 수밖에 없었다.

인권의 철학적 배경 : 사회계약설

수세기 동안 대부분의 나라는 신으로부터 권력을 부여받았다고 여겨지는 왕 또는 여왕의 지배를 받았습니다. 그러나 17~18세기에 이르러 정치 사상가들은 지배자와 피지배자 간의 관계에 의문을 던지기 시작했어요.

사상가들은 다음과 같은 이론을 제시합니다. 예전에는 사람들이 사회 조직이나 지배자가 없는 '자연 상태[2](원시 공산 사회)'에서 살았습니다. 그런데 점차 사람들은 조직화된 사회에서 사는 것이 더 안전하고 편리하다고 생각하게 되었어요. 그래서 사람들은 통치받을 때의 조건을 미리 제시하면서 지배자와 계약을 맺었습니다. 이것이 이른바 사회계약설입니다.

영국의 철학자 존 로크(1632~1704)는 국왕이 국민을 억압한다면 그것은 사회계약을 어긴 것이므로 계약을 어긴 왕을 쫓아낼 수 있다는 혁명적인 결론에 이릅니다. 백성이 왕을 바꿀 수 있다는 점에서 맹자의 사상과 비슷하지요?

스위스 태생의 프랑스 정치 철학자인 장 자크 루소(1712~1778)는 "인간은 자유롭게 태어났지만 사회 곳곳에 존재하는 쇠사슬에 묶여 있다."라는 유명한 말을 했어요. 인간에게 자유는 당연한 것이라는 루소의 생각은 인권의 본질과 굉장히 유사합니다. 자유와 인권, 둘 다 인간이 태어날 때부터 가지는 것이지요. 《사회계약론》(1762)이라는 저서에

---

2   17세기 사상가 토마스 홉스는 《리바이어던》이라는 저서에서, 국가가 없는 자연 상태에서는 '만인의 만인에 대한 투쟁'이 일어나 세상은 폭력으로 가득하게 될 것이라고 생각했다.

서 루소는, 인간이 자유를 포기하지 않고 함께 살아가는 정치 체제를 꿈꾸었어요. 그러기 위해서는 모든 시민이 의사 결정에 직접 참여해야 하므로, 규모가 작은 사회가 바람직하다고 주장했습니다.

인권의 철학적 배경 : 토마스 페인

토마스 페인(1737~1809)은 인권 철학을 말할 때 빼놓을 수 없는 인물입니다. 현대 인권의 개념을 세우는 데 중요한 역할을 했던 두 가지 사건이 있는데, 페인이 이 두 사건에 참여했어요. 바로 미국의 독립혁명(1775)과 프랑스혁명(1789)입니다.

당시 미국은 영국에 세금을 바쳐야 하는 과세 정책에 반발해서 반란을 일으켰습니다. 그런데 페인은 조지 워싱턴조차 받아들이지 않았던 미국의 독립을 과감하게 주장했어요. 페인은 영국의 정치 체제가 상식에 어긋난다고 생각했어요. 왕정과 공화정이 혼합되어 있는 영국의 정치 체제는 특권층을 인정하므로, 모든 인간은 평등하다는 상식에 어긋난다는 것이지요. 미국은 영국과는 다른 정치 체제를 세워야 하니 미국의 독립이 필요하다는 것이 요지입니다. 이러한 주장은 페인의 소책자 《상식 Common Sense》에 잘 나와 있습니다.

이로써 미국은 세계 최초로 민주주의 원리에 입각한 근대적 공화국을 세우게 됩니다. 미국 독립선언문에 의하면 모든 사람은 동등하게 태어났다고 합니다. 사람은 창조주로부터 절대로 양도할 수 없는 몇 가지 권리를 부여받았으며, 이런 권리에는 생명, 자유, 행복 추구 등이 있다고 합니다.

버지니아에 있는 벤자민 해리슨의 자택에는 독립선언문이 전시되어 있다. 해리슨은 독립선언에 직접 서명한 사람이다. 독립선언문에는 모든 인류가 동등하게 창조되었다고 쓰여 있지만, 해리슨은 노예를 소유하고 있었다.

페인은 절대왕정을 폐지하고 봉건제도를 타파한 프랑스 혁명이 일어나자, 프랑스 혁명의 이론적 근거를 세운 《인권Rights of Man》을 집필하였습니다.

하지만 미국의 독립혁명과 프랑스혁명도 자유를 바라보는 시각에 한계가 있었습니다. 예를 들어, 독립된 미국에서도 여자나 노예는 남자와 동등한 권리를 누리지 못했지요. 독립선언서를 만든 사람들조차 노예를 소유하고 있었거든요.

그러나 토마스 페인과 같은 18세기 사상가들 덕분에 인권 개념이 발전하기 시작했어요. 페인은 인류를 하나의 가족으로 여기고, 정부는 사람들의 이익을 위해 복무할 것을 요구하는 등, 시간이 지나도 변치 않을 인권에 관한 명제들을 설파했습니다.

1914년, 한 여성이 여성에게도 선거권을 달라는 시위를 하며 뉴욕 맨해튼 5번가를 행진하고 있다. 미국 독립선언문은 사람들에게 동등한 권리를 약속했지만 여성과 노예는 제외되었다. 미국뿐 아니라 다른 서구 국가에서도 여성은 20세기가 되기까지 남성과 동등한 권리를 갖지 못했다.

서구 사회와 인권 전통

서구 사회가 인권 존중의 전통을 가지고 있고 인권이 서양에서 비롯하고 발전했다는 생각이 널리 퍼져 있습니다. 근대 시민혁명을 거치면서 인권 존중의 사상이 서양에서 발달한 것은 사실이지만, 서구가 다른 사회보다 인권 존중의 전통을 강하게 지닌 것은 아닙니다. 서양에서도 인권 사상은 비교적 최근에 발달했습니다.

예컨대 종교의 자유를 보면, 오늘날 서양의 많은 국가가 종교의 자유를 인정하고 있지만 원래부터 그랬던 것은 아닙니다. 종교재판과 십자군 전쟁 그리고 아프리카, 아시아, 아메리카 대륙에 행한 강압적 선교와 침략의 역사에서 보듯이 서구 기독교는 결코 관용적이지 않았지요.

인도의 아소카 왕(B.C.268?~B.C.232?)은 최초로 종교의 관용을 주장한 대표적 통치자로 알려져 있습니다. 아소카 왕은 수많은 전쟁에서 승리한 결과 오늘의 인도와 파키스탄 대부분과 아프가니스탄과 페르시아 제국 일부에 대제국을 건설했어요. 그러나 왕은 전쟁의 비참함을 느껴 불교에 귀의했고 비폭력·윤리적 통치를 실현하고자 했지요. 자신은 불교도였지만 왕은 모든 백성에게 종교의 자유를 보장했습니다. 또 기원전 6세기 페르시아의 키루스 대왕도 종교의 관용을 옹호했어요. 키루스 왕은 노예제를 반대하여 수천 명의 노예를 해방시키기도 했습니다.

민주적 권리에 대해서도 같은 지적이 가능합니다. 오늘날 서구 국가 대부분이 모범적인 민주주의 국가인 것은 사실이지만, 서구 사회가 민주주의의 '전통'을 가진 것은 아닙니다. 근대 시민혁명 당시까지 서유럽은 절대 권력을 가진 세습 군주가 통치했고 민주적 권리를 주장한 사람들은 언제나 목숨이 위태로웠어요.

하지만 앞서 보았듯, 기원전 4세기에서 기원전 3세기 사이에 활동한 중국의 맹자는 군주에 대한 백성의 저항권을 인정했습니다. 또 미국 독립의 아버지로 불리는 벤저민 프랭클린은 미국 민주주의가 이로쿼이 부족 연맹[3]의 민주 정부 모델에서 영향받은 것이라고 고백했어요. 이로쿼이 연맹의 문화는 루소와 마르크스, 엥겔스 등에게도 영향을 끼쳤다고 합니다.

전쟁범죄

인권에 관해서 이야기할 때 반드시 짚고 가야 할 것 중의 하나가 전쟁범죄입니다. 누구나 사람을 죽이면 처벌을 받습니다. 사형을 당하거나 오랜 기간 감옥에 갇히지요. 그러나 전쟁이 일어나면 상황이 달라집니다. 사람을 죽인 군대나 군인에게 죄를 묻지 않습니다. 물론 전시戰時에도 살해 행위가 정당화되려면 국제법이 정한 요건을 지켜야 해요. 하지만 인권이 근본적으로 생명권 보장을 중요시하고 있는 점에 비추어 볼 때, 사람을 죽이는 것이 정당화되는 전쟁이라는 상황은 그 자체로 인권 침해에 해당합니다. 그것도 가장 극심하게 인권을 침해하는 행위이지요.

---

3 이로쿼이 연맹은 북아메리카 뉴욕 북부에 살았던 여섯 부족의 연합을 일컫는다. 이 연합은 자신들을 가리켜 하우데노사우니(Haudenosaunee : 공동주택을 짓는 사람들)라고 부른다.

전쟁과 민간인 피해

제2차 세계대전(1939~1945)으로 희생된 인구는 전 세계적으로 5,500만 명에 달합니다. 군인 전사자가 2,500만 명, 민간인 희생자가 3,000만 명이었지요. 나치 독일은 '인종 청소'라는 이유로 수백만 명의 유대인과 집시를 학살했어요. 러시아는 독일과의 전쟁에서 국민 2,000만 명이 희생됨으로써, 참전국 가운데 사망자가 가장 많이 발생한 나라로 기록되었어요. 일본은 1937년 중국 난징에서 겁탈과 방화를 일삼으며 수십만 명을 살해했습니다. 또한 1938년부터는 조선인, 중국인 등 여러 나라 여성을 성 노예로 동원했습니다. 미국은 1945년 3월 10일, 일본의 수도 도쿄와 그 주변을 공습하여 15만 명을 죽였습니다. 그리고 같은 해 8월 6일과 9일에는 히로시마와 나가사키에 각각 원자 폭탄을 투하하여 34만 명을 죽였어요. 이때 전쟁과 상관없는 민간인들이 엄청나게 희생당했습니다.

한국전쟁에서도 남북 양측을 합하여 250만 명이 목숨을 잃었습니다. 남한에서만 3만 명의 전쟁고아가 발생하고, 30만 명의 여성들이 남편을 잃었어요.

2003년 이라크 전쟁에서는 전체 사망자 11만 명 가운데 7만 명이 민간인이었어요. 또한 아랍 지역에서 1980년대부터 현재까지 전쟁으로 남편을 잃은 여성은 100만 명에 달한다고 합니다.

홀로코스트와 난징 대학살

제2차 세계대전 동안 독일의 나치는 유럽 대부분을 점령했고 자국민을 포함한 많은 나라의 민간인을 죽였습니다. 특히 홀로코스트로 알려진, 유대인 대학살 범죄를 저질렀지요.

제2차 세계대전 때 일본군이 아시아에서 저지른 학살도 그 잔인성이 나치에 뒤지지 않습니다.

"일본군이 저지른 만행과 폭력은 아틸라 왕과 훈노족을 연상시킨다. 최소 30만 명의 민간인이 살육됐고, 대부분 극도로 잔혹한 방식으로 살해됐다."

1938년 1월, 일본 외무대신이 주미 일본대사관에 보낸 비밀 전문에서 난징 대학살을 이처럼 묘사했습니다. 중국 난징을 점령한 일본군은 1937년 12월부터 1938년 2월까지 6주 동안, 피난 가지 못한 민간인과 중국 군인 30만 명을 처참하게 학살했어요. 난징 대학살을 아시안 홀로코스트라고도 부릅니다.

731부대의 생체 실험

일본 육군의 731부대는 세균 전쟁을 연구하고 생화학 무기를 개발하던 비밀 기관이었습니다. 731부대에서 한국, 중국, 몽골, 러시아의 군인과 민간인 등 약 1만 명의 사람들이 생화학 병기의 실험 재료(마루타)로 살육되었습니다. 지금까지 밝혀진 한국인 희생자 중에는 청산리 전투를 지휘한 이청천 장군이 있고, 시인 윤동주도 마루타로 생을 마감한 것으로 전해집니다.

731부대에 끌려간 사람들은 마취도 하지 않은 상태에서 생체 해부 실험, 무기 성능 시험, 세균전 시험 등 상상할 수 없이 끔찍한 갖가지 실험을 당했습니다. 마루타는 임신부와 어린이를 가리지 않았고, 실험은

731부대는 살아 있는 사람을 상대로 온갖 실험을 자행했다.

너무 잔혹하여 자세히 묘사하기 어려울 정도입니다.

전쟁이 끝난 뒤, 미국이 주도한 도쿄 전범 재판 때 731부대의 생체 실험 문제가 언급되었어요. 하지만 731부대 관련자들은 실험에서 얻은 자료들을 미국에 제공하고 러시아에는 넘겨주지 않는 대가로 누구도 처벌되지 않았습니다. 오히려 석방된 이들 중 다수가 일제 패망 이후 정치, 학계, 사업, 의학 부문에서 큰 성공을 거두었지요. 731부대의 범죄에 대해서는 최근까지도 증언과 조사가 이어지고 있지만, 일본 정부는 옛 일본군이 세균 무기를 사용한 사실을 한결같이 부인하고 있습니다.

일본군 성 노예

일본군 성 노예[4]는 제2차 세계대전 동안 일본 군인의 성性 욕구를 채

---

[4] 1998년 유엔 인권소위원회 특별 보고관의 보고서에는 '위안부(종군 위안부)'가 아닌 '일본군 성 노예Japanese military sexual slavery'라는 용어가 사용된다. '일본군 성 노예'는 이 문제의 본질을 드러내는 국제적인 용어로 많은 지지를 받고 있다. 힐러리 클린턴 미국 국무장관도 2012년 3월에 열린 한미 외교장관회담에서 '위안부' 대신 '강요된 성 노예enforced sex slaves'라는 명칭을 써야 한다고 말했다.

위 주기 위해 성 노예 역할을 강요당한 식민지 및 점령지 출신의 여성을 말합니다. 당시 일본의 식민지였던 우리나라 여성이 가장 많은 수를 차지했으며, 일본은 이들을 '위안부'라고 불렀어요. 일본 쥬오대 요시미 요시아키 교수는 일본군 성 노예 여성 총인원을 약 20만 명으로 추정합니다.

일본은 여성들을 강제로 납치하거나 "일자리를 소개해 준다.", "공장에서 일하게 된다."라고 속여서 모집한 뒤, 태평양 일대 일본군 주둔지로 보냈어요. 일제 패망 시 일본군이 항복을 거부하면서 자폭할 때, 비밀이 누설되는 것을 막으려고 이 여성들에게도 죽음을 강요했다고 합니다.

일본 정부는 오늘날까지도 일본군 성 노예를 공식적으로 인정하지 않고 있으며 심지어 왜곡하고 있습니다.

일본대사관 앞에는 평화비 동상이 세워져 있다. 소녀는 신발도 신지 않은 채 두 주먹을 불끈 쥐고 건너편 일본대사관을 뚫어지게 응시하고 있다.

2012년 5월 23일 제1023차 수요 시위가 열리고 있다. 한국정신대문제대책협의회(정대협)는 일본군 성 노예 문제 해결을 요구하며 매주 수요일 일본대사관 앞에서 시위를 벌인다.

1945년부터 1946년까지 거행된 뉘른베르크 전범 재판 중 한 장면. 이 재판에서는 전쟁을 일으키고 반인륜 범죄를 저지른 나치의 주요 전범을 심판했다. 기소된 많은 피고인에게 사형이나 장기 징역이 선고됐다.

전범 재판

제2차 세계대전이 끝나고, 독일의 뉘른베르크와 일본의 도쿄에서는 전쟁범죄를 저지른 자들을 심판하는 전범 재판이 열렸습니다. 이때 '평화에 대한 범죄[5]'와 '반인륜 범죄[6]'가 전쟁범죄에 속하게 되면서 전쟁범죄의 범위가 확대되었어요.

뉘른베르크 전범 재판과 도쿄 전범 재판은 많은 한계를 지니지만, 어떤 정부가 특정 민족이나 종교인을 대량 학살했을 때 국가 주권이라는 명목 뒤에 숨을 수 없다는 원칙을 세웠습니다. '인종 청소'라고 불리는

---

5 전쟁을 일으켜 평화를 파괴함으로써 성립하는 전쟁범죄.

6 민간인 살육과 집단살해, 노예적 혹사, 추방 등의 비인도적 행위나 정치·인종·종교적 이유에 의한 박해 행위를 한 전쟁범죄.

그러한 행위는 이제 '제노사이드[7]'라는 국제 범죄로 인식됩니다.

인류는 세계대전 당시에 자행된 전쟁범죄에 분노했고, 이후 국가들은 기본적 인권에 대한 원칙을 합의하기 위해 노력했어요. 모든 사람에게 동등한 권리로서의 인권 개념은 20세기에 형성된 것이지요.

전쟁과 인권 그리고 평화

전쟁은 인간을 비롯한 모든 생명체의 생명을 앗아가고, 지구의 환경과 자원을 가장 신속하고도 철저하게 파괴하는 행위입니다. 미국이 이라크 전쟁에서 소비한 비용은 거의 1,000조 원에 달합니다. 전쟁이 일어나면 무기를 만드는 기업이 돈을 벌 뿐, 나머지 대다수는 가족과 사랑하는 사람을 잃고 재산도 잃어버리지요. 전쟁으로 폐허가 된 곳에서 인권이 존중될 수는 없습니다.

전쟁 기간에는 잔인한 일들이 애국이라는 이름으로 정당화됩니다. 지시받은 명령이 사람을 죽이고 환경을 파괴하는 것일지라도 그 명령에 거스르면 처벌을 받는 상황에 놓입니다. 명령과 복종의 전시戰時 체제에서는 양심과 사상의 자유, 선택의 자유라는 민주주의적 기본권이 제한될 수밖에 없습니다. 전쟁 중에는 사회의 모든 기능이 적을 이기기 위한 효율적인 군사 동원에 집중됩니다. 정부나 군사 행위를 비판하면

---

7 인종을 나타내는 그리스어 'genos'와 살인을 나타내는 'cide'를 합친 것으로 '집단 학살'을 뜻한다. 제노사이드는 특정 집단을 멸절시킬 목적으로 그 집단의 구성원을 대량 학살하는 행위다. 그리스와 트로이의 전쟁, 십자군 전쟁, 난징 대학살, 홀로코스트 등이 그 사례다. 제노사이드 즉, 집단 학살을 죄로 규정하게 된 것은 인권 의식을 가진 지식인들의 운동 때문이다. 우리 역사는 제노사이드와 무관하다고 생각해 왔다. 그러나 한국전쟁을 전후한 보도연맹 사건과 제주 4·3 사건 등은 국가권력에 의한 대량 학살로 볼 수 있다.

적을 이롭게 하는 행위로 간주되어 처벌받지요. 따라서 전시에는 민주주의도 실현되기 어렵습니다. 전쟁 참가를 거부하는 행위도 반역죄로 처벌될 수 있어요.

인류는 평화로운 상황에서야 비로소 서로를 존중하고 삶의 기본권을 누립니다. 그러나 권력자의 힘이 월등히 강해 사람들이 억압되어서, 겉보기에만 평화로운 상태인 경우도 있어요. 평화는 단지 전쟁이 없는 상태가 아니에요. 가난, 부당한 억압, 폭력이 사라져야 참다운 평화가 찾아옵니다. 이처럼 인권과 평화 그리고 민주주의는 서로 밀접한 연관이 있습니다.

함께 토론해 봅시다!

제2차 세계대전 전에는 인권 개념이 어느 수준까지 발전했나요?

인권 개념이 상당 수준까지 발전했다고 생각합니다!
- 다른 사람의 생명과 재산을 존중해야 한다는 생각은 고대까지 거슬러 올라갈 만큼 오래된 생각입니다.
- 전쟁 중 적군에 대한 학대를 제한한 것은 인간의 존엄성과 가치에 대한 인식이 높아졌음을 의미합니다.

인권 개념은 아직 정착되지 않았습니다!
- 인권은 모든 사람에게 동등하게 적용되어야 그 의미가 살아납니다. 그러나 제2차 세계대전 전에는 특정 계층의 권리만 보장되었으므로 인권 개념이 확립되었다고 주장하는 것은 무리예요.
- 미국에서 혁명적인 사상을 담은 독립선언문이 발표된 당시에도 여전히 여성은 투표권이 없었고 노예제 또한 유지되었습니다.
- 전쟁 포로를 죽이거나 학대하는 행위는 불법이 되었습니다. 그러나 각국 정부는 정작 자국민에게는 무슨 일이든 마음대로 자행하지 않았나요?

여러분의 생각은 어떤가요?

어떻게 인권을 보호할 수 있을까요?

인류는 세계인권선언이 서로 다른 문화를 반영하면서 더욱 평등하고 공정한 사회로 나아가려는 공동의 선언이 될 수 있도록 노력했습니다.

오늘날 대부분의 나라가 인권 개념을 받아들이고 있고, 인권은 국제 협약에 의해서 보호됩니다. 제2차 세계대전 이후 유엔을 비롯한 국제기구들이 창설되었고, 국제법들도 새로이 마련되었어요. 인류에게 잔혹한 범죄를 저지른 독일 나치와 일본 군국주의자軍國主義者들은 전범 재판에 넘겨졌지요. 이때부터 인류는 인권을 효과적으로 보호하는 방법을 고민합니다. 그 결과 각국이 따로 행동하기보다는 국제기구를 만들어서 국제적으로 협조하여 인권을 보호하는 것이 훨씬 효과적이라는 공감대가 형성되었어요.

유엔과 세계인권선언

1945년에 총 51개 국가가 유엔 창립에 동의했습니다. 유엔은 제2차 세계대전을 계기로 인권과 평화를 증진하기 위하여 설립된 국제기구로, 국제연합United Nations을 뜻합니다. 유엔의 근본 목표는 인권 보호입니다. 유엔헌장에 그 취지가 잘 나타나 있는데, 대표적인 문구는 다음과 같습니다. "기본적 인권, 인간의 존엄 및 가치, 남녀의 평등권에 대한 신념을 재확인하며……."

　1948년 12월 10일, 유엔은 세계인권선언을 채택하였습니다. 세계인권선언은 개인의 자유와 권리를 자세히 서술한 인류 최초의 기록입니다. 이 선언에서는 인권과 기본적인 자유가 '모든 사람에게, 모든 장소에서' 적용된다고 하였지요. (세계인권선언 전문全文은 122쪽에 있습니다.)

　세계인권선언이 선포된 당시, 각 나라는 경제력과 정치 체제가 서로 달랐습니다. 종교와 문화적 배경도 많이 달랐지요. 하지만 인류는 세계인권선언이 서로 다른 문화를 반영하면서 더욱 평등하고 공정한 사회로 나아가려는 공동의 선언이 될 수 있도록 노력했습니다. 그러한 노력 덕분에 세계인권선언은 각종 국제 조약과 선언의 모범이 되었고, 여러

반기문 유엔 사무총장이 2008년 총회에서 연설하고 있다. 총회는 전 세계 거의 모든 나라가 참가할 만큼 규모가 커졌다.

1994년, 르완다에서 100일 동안 자행된 대량 학살의 희생자를 추모하는 기념물이다.

나라의 헌법과 법률에 수용되었습니다.

그러나 법적 구속력이 없다는 점과 개인의 권리를 보장할 국가의 의무를 구체적으로 제시하지 못한 점은 세계인권선언의 한계로 지적됩니다. 또한 시민·정치적 권리에 비해 경제·사회·문화적 권리를 충분히 다루지 못한 한계도 있어요.

현재 유엔에 가입된 192개국의 대표들은 총회에 참여하여 국제 이슈에 대해 토론하고, 유엔 결의에 투표합니다. 가장 중요한 결정은 5개 상임이사국(미국, 영국, 프랑스, 중국, 러시아)과 10개 비상임이사국으로 구성된 유엔 안전보장이사회에서 이루어집니다. 인권위원회는 유엔이 창설된 직후에 설치되었는데, 이 위원회는 2006년에 인권이사회로 바뀌어 임무를 수행하고 있어요.

재판

제2차 세계대전 전범 재판 뒤 유엔은 1990년대에 특별 국제형사재판소를 두 번 더 세웠습니다. 첫 번째는 1993년 유고 국제형사재판소였고, 두 번째는 1994년 르완다 국제형사재판소였습니다. 발칸반도(구 유고슬라비아)의 전쟁과 아프리카 르완다의 내전 때 일어났던 반인륜 범죄를 재판하기 위해서였지요.

2002년에는 상설 국제형사재판소ICC가 설립되었습니다. 집단 학살죄, 반인륜 범죄, 전쟁범죄로 기소된 사람을 심판하는 최초의 상설 기관이 설립된 것이지요. 그러나 국제형사재판소는 가입국에 대해서만 재판을 진행할 수 있다는 한계가 있습니다. 각 나라 입장에서는 자국민을 외국 법정에 세우기를 꺼리기 때문이지요. 그래서 많은 나라가 국제형사재판소 설립에 반대했습니다. 미국을 비롯해 러시아와 중국과 같은 강대국들은 아직도 가입국이 아니랍니다. 또 국제형사재판소에서는 아직까지 강대국이 저지른 전쟁범죄를 다루지 못하고 있는 실정입니다.

> **시선집중** 집단 학살죄 확정
>
> 1998년 장-폴 아카예수는 유엔이 1948년 채택한 '집단 학살죄의 방지와 처벌에 관한 협정'에 의해 개인으로서는 최초로 유죄판결을 받은 사람이다. 아카예수는 아프리카 르완다에서 1994년 후투족이 소수민족인 투치족을 학살했을 때 르완다 시장이었다. 아카예수는 집단 학살로 유죄가 확정되어 감옥에서 무기징역을 살고 있다.

민간단체NGO와 언론 매체

NGO(비정부기구, Non-Governmental Organization)는 자발적인 비영리 민간단체입니다. 민간단체NGO는 환경이나 인권 등의 문제에 관해 운동을 펼치지요. 대표적인 민간단체인 국제사면위원회[8]나 휴먼라이츠워치[9]는 국제 문제에 관한 인식을 높이는 데 힘쓰며, 독재 정부에 권력을 남용할 수 없도록 압력을 가합니다. 민간단체는 국가로부터 독립적이기 때문에 국가 이익에 종속되지 않고 운동을 전개할 수 있습니다.

환경 운동을 하는 민간단체의 한 회원이 시위를 하고 있다. 지구를 구해야 한다는 메시지를 담은 SOS(조난 신호) 문구와 나무 모양의 모자가 인상적이다.

민간단체는 영화, 텔레비전, 라디오, 신문 같은 언론 매체를 이용해 대중에게 메시지를 전달합니다. 언론인 역시 탐사 보도를 통해, 간과되고 있는 인권 위기 상황에 사람들의 관심을 유발할 수 있습니다.

국제적 행동

국제사회는 어떤 나라의 인권 침해 행위를 중지시키기 위해, 해당국에 적대적인 조치를 취하기도 합니다. 경제 제재(무역 제재)를 가하거나

---

8 전 세계의 인권 침해를 막기 위해 운동을 벌이는 국제 인권 단체. 흔히 국제앰네스티Amnesty International로 불린다.
9 Human Rights Watch, 240여 명의 전문가로 구성된 국제 인권 감시 단체로 미국 뉴욕에 본부를 두었다.

군사적으로 개입하지요.

그러나 이 방법은 돕고자 하는 사람들을 오히려 어려움에 빠뜨릴 수 있어요. 경제 제재로 인해 정부보다는 시민들이 궁핍해지고, 군사 행동으로 인해 무고한 사람들이 다치거나 생명을 잃을 수 있으니까요. 실례로 미국과 영국의 이라크 침공 과정에서 7만 명의 민간인이 죽었고, 미국이 북한을 제재함으로써 북한의 민간인이 많은 고통을 겪었습니다.

또한 특정 정치 세력이 자신의 이익을 위해, 인권 침해를 핑계로 다른 국가를 침략할 가능성이 있습니다. 미국의 오바마 대통령은 2011년 12월 이라크전 종전 선언을 하면서 "미국은 과거 제국과 달리 영토나 자원 때문이 아니라 그것이 옳기 때문에 전쟁을 치렀다."라고 말했어요. 하지만 미국 내에서도 이 주장을 믿지 않는 사람이 많습니다. 미국과 동맹 관계인 우리나라도 노무현 대통령 집권 시기인 2003년과 2004년에 이라크에 군대를 보냈습니다. 당시 우리나라 국가인권위원회는 이라크전 참가에 대해 반대 의견을 표명했습니다.

국가는 자국의 이익에 매우 민감합니다. 그래서 동맹국이 인권 침해를 행했을 때, 그 상황에 개입하지 않으려 해요. 또한 특별한 이해관계가 없는 지역에서 일어난 분쟁이라면, 문제에 말려드는 것을 꺼립니다. 1994년에 있었던 르완다 대학살에 국제사회가 그토록 느리게 대처한 것도, 자국의 이익에 '중요하지 않은' 아프리카 국가의 문제였기 때문이라는 비판이 있지요.

시선집중 이라크 전쟁

이라크 전쟁은 2003년 3월 20일 미군과 영국군의 이라크 침공으로 시작되었다. 유엔 안전보장이사회의 결의로 유엔 회원국은 이라크에 무력을 사용할 수 있게 되었다. 프랑스, 덴마크, 독일, 뉴질랜드, 러시아, 스페인 등은 전쟁을 하려면 새로운 결의안을 추가해야 한다고 주장했으나 미국과 영국 및 그 동맹국들은 이를 거부하고 전쟁을 단행했다.

미국과 영국은 이라크가 보유한 대량 살상 무기가 세계 평화를 위협하고, 이라크 통치자 사담 후세인이 독재를 펼친다는 것을 침공 이유로 내세웠다. 그러나 2004년 미국이 파견한 조사단은 "이라크에 대량 살상 무기는 존재하지 않는다."는 마지막 보고를 제출하였다. 이처럼 이라크 전쟁이 잘못된 정보에 의해 시작되었음이 드러났지만, 전쟁의 책임이 있는 미국과 영국의 지도자 가운데 처벌받은 사람은 아무도 없다.

2003년 미국의 이라크 침공 이후 3년 동안 사망한 이라크인이 65만 5천여 명에 달한다.

함께 토론해 봅시다!

인권 침해 국가에 경제 제재나 군사 압력을 가하는 것이 바람직한 방법인가요?

그럼요!
- 무자비하게 자국민의 인권을 침해하는 정부에 대해서는 국제사회에서 강제로 제재하는 방법 외에 대안이 없지 않나요? 눈에는 눈, 이에는 이지요.
- 강제적 제재도 신중히 계획하고 실행하면 문제가 없어요. 무고한 사람들이 피해를 당하지 않도록 말이지요. 무역 제재를 할 때는 식량이나 의료품 공급을 제한해서는 안 됩니다. 군사 개입을 할 때도 최첨단 과학기술 무기로 정밀한 타격을 가해 무고한 사람들의 피해를 최소화해야 합니다.
- 강제적 제재의 폐해가 일부 있다 하더라도, 목표가 달성되었다면 장기적으로 볼 때 인권 상황이 개선되었으니 바람직합니다.

아니요!
- 경제 제재와 군사 행동은 인권 침해 국가를 더 고립시키고 궁핍하게 할 위험이 있습니다.
- 오히려 인권 침해국의 개방을 도와서, 자유로운 사회의 문화·경제적 혜택을 입도록 하는 것이 바람직해요.
- 강제적 제재는 인권 침해 국가 내 사람들의 화를 돋우어, 되레 급진적인 정책이나 테러를 부추기는 결과를 낳을 수도 있습니다.

여러분의 생각은 어떤가요?

시민·정치적 권리: 자유권

시민·정치적 권리란 시민으로서 또 공동체 구성원으로서 인간이 갖는 권리로, 간단히 '자유권'이라고도 부릅니다. 이 권리는 자유, 평등, 안전의 권리 그리고 사회가 어떻게 운영되어야 하는지 의견을 제시할 권리를 보장합니다.

시민·정치적 권리란 시민으로서 또 공동체 구성원으로서 인간이 갖는 권리로, 간단히 '자유권'이라고도 부릅니다. 이 권리는 자유, 평등, 안전의 권리 그리고 사회가 어떻게 운영되어야 하는지 의견을 제시할 권리를 보장합니다. 이 권리는 시민·정치적 권리에 관한 국제규약(ICCPR : International Covenant on Civil and Political Rights)을 통해 국제법의 일부가 되었습니다. 시민·정치적 권리는 '소극적' 권리예요. 왜냐하면 정부에 어떤 행위를 하지 말라고 요구하는 권리이기 때문입니다. 예를 들어, 공정한 재판 없이 사람들을 감금하거나 고문해서는 안 된다는 것이 여기에 속합니다.

평등권

세계인권선언은 모든 인간이 인종, 성별, 종교, 정치적 신념에 상관없이 권리와 존엄성에 있어서 평등하다고 규정합니다. 인간 평등의 이념은 인권의 가장 핵심적인 가치이며, 차별에 반대할 권리(반차별권)의 직접적인 근거입니다.

그러나 우리는 일상생활에서 차별이 행해지는 모습을 흔히 볼 수 있어요. 외모나 성적, 가정 형편이나 종교 때문에 많은 사람이 차별을 받고 있지요. 차별은 인간의 존엄성을 해치는 행위이고 인간 평등에도 위배됩니다. 차별이 행해지는 세상에서는 공동체를 형성하기 어려워요. 여러 집단의 다양한 정체성이 공존하기 불가능하기 때문이에요. 차별하지 않는 것은 인권 보장의 기초입니다.

여성의 권리

서구에서는 여성의 권리가 일찍부터 보장되었다고 생각하기 쉽지만, 사실 서구 사회도 20세기에 들어서서야 여성의 권리에 관심을 두었

시선집중 호주제 폐지

우리나라의 호주제戶主制는 호주와 그의 가족으로 구성된 가家를 기준으로 가족 관계를 정리하는 호적제도를 말한다. 일제시대에 도입된 호주제는 가부장제의 근간을 이룬다. 가부장제 가정에서는 아버지-큰 아들-작은 아들-어머니-딸이라는 권력 서열이 존재하며, 가장이 모든 것을 결정할 권한을 가진다. 사실상 여성은 호주가 될 수 없었고 집안의 대표 구실을 할 수도 없었다. 이렇게 호주에게 종속된 구조에서는 개인의 자율성이 부정되고, 특히 여성이 예속적인 존재로 규정되어 남녀 차별 의식이 유지·강화된다. 호주제는 헌법재판소의 헌법불합치 결정에 따라 2008년에 폐지되었다. 그 결과 호적은 개인을 기준으로 작성되는 가족관계등록부로 대체되었다.

습니다. 세계 최초로 여성에게 선거권을 인정한 뉴질랜드조차 1893년에야 이를 인정했어요. 뒤이어 영국(1918년)과 미국(1920년) 등에서 여성에게 선거권을 부여했습니다. 여성에게 교육을 받을 권리와 직업을 가질 권리를 보장하는 법률도 그즈음에 비약적으로 늘어났지요.

오늘날 많은 국가는 여성이 남성과 똑같은 권리를 가진다는 원칙에 동의합니다. 비록 여성이 남성과 같은 일을 하면서도 임금을 덜 받는 국가가 대다수지만 말입니다. 또한 가정에서 여성에게 가해지는 폭력을 없애기 위한 투쟁도 여전히 진행 중입니다.

시선집중 중국의 전족

전족纏足이란 중국 여성의 기형적인 작은 발 또는 발을 작게 만들기 위해 헝겊으로 발을 묶던 풍습을 일컫는다. 여자아이가 4~5세가 되면 더 이상 발이 크지 못하도록 엄지발가락을 제외한 네 발가락을 안쪽으로 굽히고 천으로 압박하여 작은 신을 억지로 신긴다. 이 풍습은 당나라 말기에 생겨나서 송나라 이후에 퍼졌다. 전족을 한 이유는 일부다처 사회에서 여성의 수가 모자라, 여성이 달아나지 못하게 하기 위해서였다는 설이 있다. 청나라 말기에 전족 폐지 운동이 극심하게 일어난 뒤 오늘날엔 전족 풍습이 사라졌다.

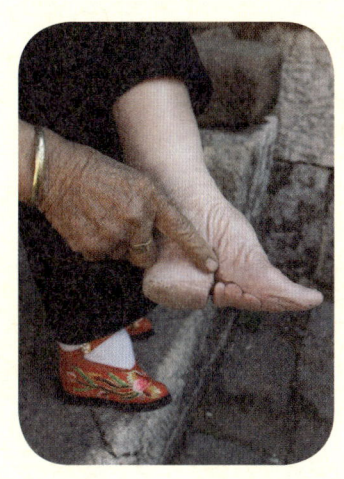

전통문화 속의 여성

세계적으로 여성의 권리가 점점 향상되고 있지만, 아직도 많은 나라에서 여성은 자신의 삶의 방식을 스스로 선택할 수 없습니다. 여성을 남성보다 열등한 존재로 간주하는 전통문화가 여전히 많지요.

아프리카의 몇몇 국가에서는 소녀들이 할례(여성 생식기 절단)라 불리는 끔찍한 수술을 받는 전통이 있습니다. 이러한 처치는 마취 없이 이루어지는 경우가 허다해, 감염으로 말미암은 부작용이 초래됩니다. 무려 1억 3천만 명이 넘는 여성들이 할례 때문에 고통받고 있습니다. 이에 여러 민간단체가 교육을 통해 전통적 사고방식을 변화시키려고 노력하고 있어요.

우간다 동부에 있는 캅초라 출신의 이 십대 소녀들은 전통적 성인식인 할례를 용감하게 거부했다. 이러한 전통 의식을 거부하면 때로는 생명이 위험해지지만, 악습을 단절시키기 위한 이 운동은 결국 성공을 거두었다. 2009년 우간다 의회는 할례를 전면 금지하는 법안을 통과시켰다. 그러나 여러 나라에서는 아직도 할례가 성행하고 있다.

문제는 잘못된 전통을 옹호하는 사람들이 남성만이 아니라는 사실입니다. 일부 여성들 역시 변화를 거부하고 나쁜 전통을 지키려고 해요. 이 사람들은 전통을 보호하고 존중해야 한다고 주장합니다. 반면 이에 반대하는 사람들은 인권은 근본적인 것이므로, 인권에 반하는 전통은 비록 오랜 세월 이어져 왔을지라도 폐지하거나 변화시켜야 할 대상에 불과하다고 말합니다.

인종 평등

세계인권선언은 모든 소수민족에게 평등한 권리를 보장하는 규정을 두었습니다. 그러나 이 규정만으로 소수민족의 평등권이 실현되지는 못했어요.

역사를 살펴보면, 사람들은 어떤 인종이 다른 인종보다 우월하다고 믿곤 했습니다. 백인이 흑인을 노예로 삼았을 때, 흑인을 침팬지와 인간의 혼혈종이라고 여기며 인간으로 받아들이지 않는 사람도 많았지요. 미국의 독립선언문은 "모든 인간은 평등하게 창조되었다."라고 천명하고 있습니다. 그러나 여기에 흑인 노예를 포함시킬 의도는 없었지요.

미국에서 노예제도가 폐지(1865년)된 후에도 흑인은 백인과 평등한 권리를 누릴 수 없었습니다. 노예 해방 선언도 흑인에게 선거권을 보장해 주진 않았지요. 미국의 남부에서는 흑인이 백인과 같은 편의 시설을 사용하지 못하게 하는 등 흑인을 차별하는 법이 많았어요. 가령 버스에서 흑인은 백인에게 자리를 양보해야 했지요.

그러나 1955년, 로사 파크라는 흑인 여성이 백인 남성에게 자리 양보

> **시선집중** **인종차별적 발언**
>
> 2009년 9월, 서울의 한 버스 안에서 인도인인 보노짓 후세인 교수는 술 취한 한국 남성으로부터 "더러운 XX, 너 어디서 왔어? 이 냄새나는 XX야."라는 모욕적인 말을 들었다. 법원은 한국 남성에게 벌금 100만 원을 부과했다. 인종차별적 발언은 단순히 개인에 대한 범죄가 아니라 인종 범죄에 해당한다.

를 거부하면서 변화가 시작되었어요. 이러한 시민 불복종 사례가 알려지자 사람들이 지지를 보냈습니다. '시민 불복종'이란 정의롭지 못하거나 억압적인 법을 비폭력적인 수단을 사용해 거부하는 행위를 말해요.

미국에서 1960년대는 흑인 인권 운동의 절정기였어요. 1963년에는 미국 전역에서 모인 20만 명 이상의 사람들이 워싱턴 D. C. 기념탑까지 행진을 벌였어요. 여기에는 약 6만 명의 백인도 포함되어 있었지요. 군중 앞에서 감동적인 연설을 한 마틴 루터 킹은 흑인 인권 운동의 상징이 되었습니다. 이에 발맞춰 케네디 대통령 역시 고용 부문에서의 인종차별을 금지한다고 발표했습니다. 또한 1964년, 존슨 대통령은 공공장소, 고용, 선거에서 인종차별을 금지한다는 행정명령을 내렸어요.

오늘날에는 흑인의 기본권이 법으로 명시되어 있습니다. 하지만 여전히 미국에서는 백인이 상류층에, 흑인은 하류층에 위치합니다.

1967년 뉴저지 주 뉴어크 시에서 폭동이 일어났을 때 경찰과 주 방위군이 물리력을 행사했다. 뉴어크 시 인구의 다수를 차지하고 있던 흑인 사회는 이들의 부당한 대응에 분개했다. 이 때문에 6일간의 폭력 사태가 발생했고, 그 과정에서 26명이 사망했다.

시민적 권리

1950~1960년대 미국에서는 법 앞의 평등을 요구하는 민권 운동(흑인 차별 철폐 운동)이 활발하게 전개되었어요. 그러나 운동이 활발했던 만큼 변화에 대한 저항도 강했지요. 시위대와 경찰들 사이에 폭력적인 충돌이 일어났어요. 그리고 민권 운동의 탁월한 지도자였던 마틴 루터 킹 목사가 1968년에 암살당했습니다.

하지만 그 뒤로 민권 운동은 크게 성장했습니다. 미국은 인종차별을 끝내기 위해 많은 노력을 기울였어요. 2008년 미국 대선에서 버락 오바

시선집중 아파르트헤이트

1976년 6월 16일, 남아프리카공화국 소웨토 시에서 12살의 헥토르 피터슨이 인종차별적인 교육정책에 항의하다가 경찰관이 쏜 총에 맞아 사망했다. 당시 남아프리카공화국의 정치권력과 경제적 부는 백인의 손에 집중되어 있었다. 정부 역시 인종 분리 정책인 아파르트헤이트를 시행하고 있었다. 흑인은 선거권이 없었고, 교육과 의료 등의 공공 서비스에서 부당한 차별을 감내해야 했다. 헥토르의 죽음은 아파르트헤이트의 야만성을 보여 주는 전형적인 사례다. 1994년, 처음으로 다多인종 자유 총선거가 실시된 결과 넬슨 만델라가 최초의 흑인 대통령으로 당선되면서 아파르트헤이트는 철폐되었다.

헥토르 피터슨의 어머니가 무덤가에서 기도하고 있다. 소웨토 시의 소요 도중 발생한 피터슨의 죽음은 아파르트헤이트 체제의 잔혹성을 보여 주는 상징이 되었다. 오늘날 남아프리카공화국은 헥토르의 사망일인 6월 16일을 청소년의 날로 기념한다.

마가 최초의 흑인 대통령으로 당선된 것은 진보의 상징으로 여겨집니다.

자유

시민·정치적 권리는 개인의 자유를 보장합니다. 인간으로서 가장 기본적인 권리는 스스로 자유롭게 사는 것이지요. 하지만 세계에는 자유를 온전히 누리지 못하는 사람들이 아주 많습니다. 더욱이 자유를 완전히 박탈당한 노예는 심각한 상황에

1963년 8월 28일, 워싱턴에서 열린 평화 행진 집회에서 마틴 루터 킹 목사가 군중에게 손을 흔들고 있다. 킹 목사는 이 집회에서 '나에게는 꿈이 있다(I have a dream)'라는 명연설을 남겼다.

처해 있어요. 노예제는 국제적 범죄에 해당합니다. 그러나 21세기인 지금도 현대판 노예제가 성행하고 있어요. 인신매매(인간을 사고파는 것)가 대표적이지요. 아프리카의 빈곤 가정에서는 생계를 위해 어린 자녀를 노예로 파는 경우가 빈번합니다. 인신매매의 가장 일반적인 형태 중 하나는 여성에게 성매매를 강요하는 것입니다.

범죄와 처벌

누군가 법을 어기면 마땅한 처벌을 해야 합니다. 그런 차원에서 인간의 자유를 제한할 수 있습니다. 그러나 형사 처벌도 반드시 인권법의 테두리 안에서, 규정된 기준에 따라 이루어져야 해요. 예를 들어 범죄의 혐의가 있는 사람이라도 정당한 이유 없이 체포 또는 구속을 해선 안 되

고, 유죄가 입증되기 전까지는 무죄라고 보아야 합니다.

고문

몇몇 국제 협약은 고문을 엄격하게 금지합니다. 인권 운동가들은 집단 학살이나 노예제와 마찬가지로 고문 또한 국제적 범죄이므로 어떠한 상황에서도 정당화될 수 없다고 생각합니다. 그러나 세계 여러 정권은 비난의 목소리에도 아랑곳하지 않고 여전히 고문을 행하고 있습니다.

최근에, 범죄 용의자를 어느 정도까지 압박하면 고문이 성립되는지에 대한 논쟁이 있었습니다. 2001년의 9·11테러와 같은 국제 테러가 급증하면서, 테러 용의자를 거칠게 심문하는 것이 정당하다는 인식이 확산되었어요.

인권 운동가들은 문명화된 사회는 어떤 상황에서도 고문을 허용해서는 안 된다고 합니다. 고문은 그것을 당하는 사람은 말할 것도 없고, 고문을 가하는 사람의 인격도 파괴하는 폭력이라고 말합니다. 또한 고문은 정보를 끌어내는 데 신뢰할 만한 방법이 아니라고 해요. 죄 없는 사람도 고문의 고통을 피하기 위해 허위로 자백하는 경우가 많다는 것이지요.

2007년, 미국 언론은 중앙정보국CIA이 은밀하게 물고문을 사용해 왔다고 폭로했습니다. 물고문은 익사의 공포를 느끼게 하는 고문 기술이에요. 이러한 고문에 분노하는 사람들이 있는 반면, 테러를 방지하기 위해서는 극단적인 방법도 허용해야 한다고 주장하는 측도 있어요. 2009년 1월 미국 대통령으로 취임한 버락 오바마는, 고문이 미국의 이

시선집중 재판 없는 감금

2001년, 터키계 독일인 무라트 쿠르나츠는 파키스탄을 여행하는 도중 테러리스트로 오해받아 보안 요원에게 체포되었다. 쿠르나츠는 3천 달러에 미군으로 팔려 아프가니스탄의 미군 기지를 거쳐 쿠바의 관타나모 만에 있는 미국 수용소로 이송되었다. 그 후, 유죄 선고는커녕 심리(법원이 증거나 방법 따위를 심사하는 행위)도 받지 않은 채 그곳에 5년간 갇혀 있었다. 쿠르나츠는 심한 매질과 전기 고문을 받았으며 몇 시간 동안 거꾸로 매달려 있기도 했고 물고문도 당했다고 진술했다. 공개된 문건에 따르면, 쿠르나츠는 체포되었을 당시에 이미 테러 관련 혐의를 벗은 것으로 보였지만, 죄 없이 2006년까지 감금되어 있었다. 쿠르나츠는 관타나모에서의 경험을 《내 인생의 5년》이라는 책에서 털어놓았다.

쿠바 관타나모 만에 있는 미군 기지에서 군인들이 죄수를 끌고 가고 있다. 이 기지는 미국이 '테러와의 전쟁' 기간에 사로잡은 용의자들을 억류하는 데 이용됐다. 민간단체들은 이 미군 기지에서 자행된 인권 유린 행위에 항의하는 운동을 전개했다.

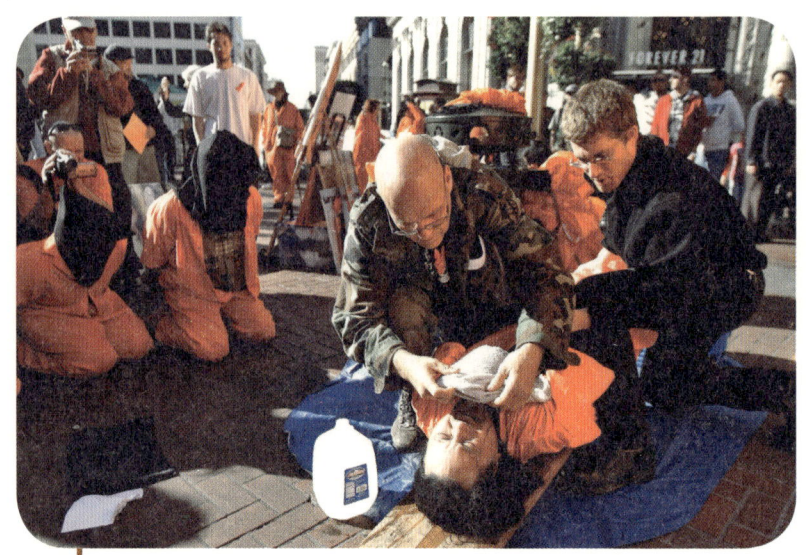

2009년 샌프란시스코에서, 미 당국이 테러 혐의자에게 고문을 사용한 것에 항의하는 시위가 있었다. 시위자들이 물고문을 포함하여 재소자를 모욕하고 학대하는 장면을 재연하고 있다.

상과 가치를 훼손한다며 물고문을 금지했어요.

우리나라는 박정희, 전두환 대통령 군사독재 시절에 고문이 공공연한 비밀이었습니다. 민주화 운동에 참여한 인사들은 경찰이나 중앙정보부, 보안사령부에서 수사를 받던 중 숱하게 고문을 당했지요. 얼마 전 타계한 김근태 선생은 민주화 운동 시절에 경기도 경찰청 공안분실장이었던 이근안에게 혹독한 고문을 당했고, 그 후유증으로 평생을 고생했다고 합니다. 이근안은 관절 빼기, 볼펜심 꽂기 등 잔혹한 고문을 가하는 것으로 유명해, '고문 기술자'로 불렸습니다.

> **시선집중** 탁 치니 억

1987년 전두환 군사독재 말기, 서울대생 박종철이 공안 당국에 붙잡혔다. 경찰은 학생운동을 함께하던 선배 박종운의 소재를 캐기 위해 박종철에게 폭행과 전기 고문, 물고문 등을 가했다. 박종철은 고문으로 끝내 사망하고 말았다. 사망 사실이 보도된 다음 날 치안본부장 강민창은 "냉수를 몇 컵 마신 후 심문을 시작, 박종철 군의 친구의 소재를 묻던 중 '탁' 하고 책상을 내리치니 갑자기 '억' 소리를 지르면서 쓰러져, 병원으로 옮겼으나 12시경 사망하였다."고 거짓 발표를 했다. '탁 치니 억'은 군사독재의 궤변과 비도덕성을 조롱하는 유행어로 널리 퍼져나갔다. 이후 언론과 천주교정의구현전국사제단 등의 노력으로 박종철이 물고문에 의해 사망했으며 경찰이 사건을 조작하려 했음이 밝혀졌다. 국민을 고문하고 진상을 숨기려던 군사독재 정권은 6월 항쟁이라는 거대한 저항에 부딪혔고, 마침내 6·29 선언으로 굴복했다.

생명권과 사형 제도

사회는 구성원의 생명을 보호할 신성한 의무가 있습니다. 그런데 과연 사회는 법이라는 이름으로 사람을 죽여도 될까요? 다른 생명을 보호하기 위해 한 생명을 죽이는 일이 용인될 수 있을까요?

사형은 인류 역사상 가장 오래된 형벌이에요. 가장 오래된 실정법인 기원전 18세기의 함무라비 법전에는 사형에 해당하는 범죄 30여 개가 규정되어 있어요. 그런데 최근 사형 폐지가 세계적으로 이목을 끌고 있습니다.

국제사면위원회에 따르면, 2008년에 중국, 이란, 사우디아라비아 세 나라에서 전 세계 사형 집행의 90퍼센트가 이루어졌다고 합니다. 세 국가에서만 한 해에 적어도 2,166명이 사형을 당했어요.

범죄자가 범죄를 저지른 이유에는 성장 배경이나 사회 환경 등 여러 가지가 얽혀 있습니다. 그러나 사형은 범죄자 개인에게만 책임을 물어, 목숨을 빼앗는 되돌릴 수 없는 형벌을 내리지요. 이것이 과연 합당한 일인지 사형 제도 폐지론자들은 의문을 던집니다. 또한 인권 운동가들은 사형 제도가 결과적으로 국가 폭력을 정당화한다고 말합니다.

인간은 반성할 줄 안다는 점에서 다른 동물과 구별됩니다. 극악무도한 범죄를 저지른 사람도 사형당하기 직전에는 대개 죄를 뉘우치기 마련이지요. 따라서 사형 제도는 이미 죄를 뉘우쳤거나 뉘우칠 가능성이 있는 사람을 죽이는 결과를 가져올 수 있어요.

국제사면위원회는 사형 제도가 생명권을 훼손한다고 주장합니다. 2007년 유엔 총회에서 사형 중지를 요구하는 결의문이 통과되긴 했지만, 지금까지 사형 폐지에 대한 국제적 합의는 없어요. 그러나 세계적으로 사형 집행율이 감소하고 있습니다. 사형이 선고되더라도, 집행되는 경우는 많이 줄었다는 말입니다. 미국은 2008년에 37명의 사형수를 처형했는데, 이는 1995년 이래 연간 최소 수치입니다.

우리나라는 2012년 현재까지 16년째 사형을 집행하지 않고 있어요. 국제사회는 10년간 사형 집행이 이뤄지지 않은 나라를 '사실상 사형 폐지 국가'로 간주합니다. 한편 헌법재판소는 2010년 2월, 5대 4의 의견으로 사형 제도가 헌법에 어긋나지 않는다고 결정했어요.

> **시선집중** **사형수의 삶**
>
> 1991년 미국에서 트로이 데이비스는 경찰관을 살해한 죄로 사형을 선고받고, 즉시 항소하였다. 그 후 몇몇 검찰 측 증인들이 진술을 번복하였다. 데이비스가 범죄에 연루되었다고 증언하도록 경찰로부터 압력을 받았다는 것이다. 게다가 다른 두 목격자의 진술도 사실 여부에 심각한 의혹이 제기되었다. 그러나 법원은 새로운 증언을 심리하지 않았다. 마침내 2009년 8월, 미국 대법원이 개입하기에 이르렀다. 만약 재심에서 무죄가 선고된다면, 데이비드의 생명은 안전할 것이다. 이처럼 사형 제도가 존재하는 나라에서는 죄 없는 사람도 얼마든지 사형에 처해질 수 있다.

정당방위로서의 살인

경찰은 시민들과 자기 자신을 보호하기 위하여 때로는 누군가를 죽여야 합니다. 그러나 정당방위 상황은 늘 복잡하지요. 경찰이 자신에게 총구를 겨누고 있는 사람에게 방아쇠를 당기는 것은 정당합니다. 그러나 자신에게 총을 겨누고 있다고 생각하지만, 어두워서 식별하기 어려운 경우는 어떻게 할까요? 경찰이 머뭇거리는 사이, 경찰 자신과 다른 사람들의 생명이 위험해지는데 어떻게 해야 할까요? 용의자가 폭탄을 폭발시키려 한다고 느꼈을 때에는 총을 쏴야 할까요?

브라질 청년 장 찰스 드 메네제스의 죽음은 이와 관련된 비극입니다. 메네제스는 2005년 7월 22일 영국 런던의 한 지하철에서 경찰이 쏜 총에 맞아 죽었습니다. 며칠 전 자살 폭파범 네 명이 지하철 테러를 일으

2005년 7월 7일, 런던에서 폭탄 테러가 일어나 700명 이상이 부상당했고 52명이 사망했다. 이런 사건이 발생하면, 테러를 물리치기 위해서 테러리스트의 생명권이 희생되어도 괜찮다고 주장하는 사람이 많아진다.

키러다 실패한 사건이 있었는데, 경찰은 메네제스가 그중 한 명이라고 믿었지요. 2주 전에도 자살 폭탄 테러가 발생해 런던 통근자 52명이 목숨을 잃는 사건이 있었어요. 그 사건의 여파로 경찰들은 극도로 예민했고, 폭탄 테러의 두려움이 들어 메네제스에게 총을 쏘고 만 것입니다. 결과적으로 무고한 청년이 죽었어요. 그러나 폭탄을 터뜨릴 것이라는 의심이 드는 순간 경찰이 망설인다면 어떤 일이 일어날까요? 이 문제에 쉽게 답할 수 있는 사람은 없습니다.

장 찰스 드 메네제스의 가족이 '장Jean을 위한 정의'라는 캠페인의 하나로 기자 회견을 하고 있다. 메네제스의 가족은 메네제스를 죽인 경찰관을 상대로 소송을 제기했다. 2009년 11월, 경찰은 피해 배상금을 지불하기로 합의했다.

집회와 결사의 자유

여러 사람이 특정한 목적을 위하여 일시적으로 모이는 것을 집회라고 합니다. 결사란 여러 사람이 같은 목적을 이루기 위해 단체를 조직하는 것을 말해요. 집회와 결사의 자유는 중대한 권리입니다. 사람들은 자신의 이익을 도모하거나 견해를 주장하기 위하여 정당이나 노동조합 같은 단체를 결성할 수 있어요. 또한 집회와 시위를 자유롭게 주최할 수 있습니다.

> **시선집중** *무노조 경영*
>
> 1938년 삼성상회로 출발한 삼성 그룹은 70여 년간 노동조합을 인정하지 않는 무노조 경영 원칙을 고수해 왔다. 이건희 회장은, 삼성이 업계 최고의 처우를 보장하고 노사협의회를 효과적으로 운영함으로써 노사문제를 사전에 예방하고 있으므로 노조가 필요치 않다고 주장했다. 그러나 2011년 7월 12일, 조합원 4명이 자주적으로 일반 노조를 결성했다. 삼성 노조는 2012년 7월 현재, 조합원이 120명으로 늘어나는 등 크게 성장했다. 노조 설립 1주년을 맞아 진행된 기자회견에서 노조측은 "삼성 노조와 연대 단체들은 노동자의 생명과 권리가 무시당하지 않기 위해, 노동자로서 최소한의 권리를 되찾기 위해 계속 투쟁하겠다."고 밝혔다.

노동조합

노동조합이란 임금이나 노동 조건을 개선하기를 희망하는 노동자들이 결성한 단체입니다. 노동자 개별적으로는 사용자나 관리자의 결정에 대항하기가 어려워요. 그러나 노동조합을 통하면, 노동자는 숙련된 교섭자들의 도움을 받을 수 있어요. 극한 상황에서는 노동력을 제공하지 않는 압박(파업)을 가함으로써 주장에 힘을 싣기도 하지요.

시위

자유로운 사회에서는 부당한 대우에 항의하거나 구제를 요청하기 위하여 집회를 열 수 있습니다. 비폭력적인 집회라면, 시민들은 정부의 모든 정책에 대하여 반대할 수 있는 자유를 지닙니다. 그러나 현실에서는 반대를 허용하지 않는 정부도 많지요.

2009년, 이란 정부는 6월에 치러진 대통령 선거가 부정 선거였다고 주장하는 시위자들을 강경하게 진압했습니다. 이때 시위자 수십 명이 죽었고 수백 명이 체포되었어요.

2010년에서 2011년까지는 중동 및 북아프리카 곳곳에서 혁명이 일어났어요. 이를 '아랍의 봄'이라고 합니다. 또는 혁명이 처음 일어났던 튀니지의 국화國花 재스민의 이름을 따서 '재스민 혁명'이라고도 해요. 시위는 대부분의 부富가 특권 계층에 집중되어 있었고 권력층이 부패했기 때문에 일어났지요. 튀니지와 이집트, 리비아에서의 반정부 시위는 정권 교체 혁명으로 이어졌어요. 시위 과정에서 사람들은 페이스북이

개혁적인 대통령 후보, 미르 호세인 무사비를 지지하는 사람들이 이란의 테헤란에서 2009년 선거 결과에 항의하고 있다. 이들은 마흐무드 아흐마디네자드 대통령이 선거를 조작했다고 주장했다.

나 트위터 같은 소셜 미디어를 활발하게 활용했어요. 이러한 북아프리카의 성공적인 혁명은 이란과 터키, 중국 등에도 영향을 끼쳤습니다.

최근에는 중국 광둥성 우칸촌이 세계인의 주목을 받았습니다. 우칸촌에서 41년간 황제처럼 군림했던 당 간부들이 주민들이 공동으로 소유한 토지를 몰래 팔아버린 사건이 일어났어요. 이를 알게 된 주민들은 2011년 9월부터 시위에 나섰습니다. 그러던 중 주민 대표 쉐진보가 체포돼 숨졌고, 분노한 주민들은 당과 공안 조직을 모두 몰아낸 뒤 마을을 해방구로 만들었어요. 결국 2011년 12월 말 광둥성의 2인자인 부서기가 직접 마을을 찾아와 민주 선거와 토지문제 해결 요구를 받아들였지요. 이제 중국 곳곳에서는 토지문제로 고통받는 농민들과 민주화를 바라는 사람들이 "우칸을 배우자!"며 마을을 찾아오고 있답니다.[10]

아랍권에서 거세게 일어나는 민주화 시위와 중국 우칸촌 농민들의 시위는 인류 역사의 발전에서 민주주의가 대세임을 보여 주고 있습니다. 지역과 종교, 인종을 불문하고 역사는 민주적 발전을 향해 쉼 없이 나아가고 있는 것이지요.

감시 사회에서의 인권

21세기 초, 테러리스트의 위협 때문에 몇몇 국가는 시위를 제한하는 법을 마련했습니다. 테러 활동을 은폐하거나 테러를 선동하는 수단으로 시위가 이용되는 것을 우려한 조치이지요. 영국은 경찰에게 시위대

---

10 2012년 2월 26일자 한겨레 신문, 박민희 특파원 〈'우칸 모델' 중국 민주화 신호탄될까〉 참조.

워싱턴 D.C.에 있는 합동 작전 지휘 본부 내 CCTV 화면들. 이 첨단 기술 본부는 도시 전체를 감시할 수 있다.

의 규모와 위치를 제한할 수 있는 특별한 권한을 부여했습니다. 테러리스트의 음모를 파악하기 위해, 보안 당국에 전화나 이메일 같은 개인 통신 내용을 감청하거나 검열할 수 있는 막강한 권한도 주었습니다. 어떤 사람들은 사회 안전을 유지하기 위해 이와 같은 개인의 권리 제한이 필요하다고 주장하지요. 반면 이는 인권을 후퇴시키는 조치라며 우려하는 의견도 있어요.

영국의 한 인권 운동가는 런던을 '세계 CCTV(폐쇄 회로 텔레비전)의 수도'라고 말했습니다. 2009년 기준으로 런던 시내에만 무려 420만 대의 CCTV가 있다니 그럴 만도 하지요. 런던의 CCTV는 2005년 런던 테러 사건 이후 비약적으로 증가했어요. 우리나라의 CCTV는 2011년 기준으로 전국 10만 대 이상이라고 하지만 정확한 수치는 파악하기 불가능해요. 사설 CCTV가 우후죽순으로 생겨나고 있기 때문인데, 사설 CCTV에 대한 규제가 없어 관리하거나 파악하기가 불가능한 실정입니다.

그런데 CCTV가 범죄자만 골라서 비출까요? CCTV는 모든 사람을 감시합니다. 안전한 사회를 위해 CCTV가 필요할 수 있지만, 그것이 우리의 생각과 행동을 감시하고 나아가 통제하는 도구가 될 수도 있어요.

현대사회의 감시 기술

영화 〈마이너리티 리포트〉에 등장했던 감시 기술은 지금 현실이 되었습니다. 감시를 가능하게 하는 기술의 발전 속도는 상상을 초월해요. 공항, 은행, 지하철, 편의점, 주유소, 병원, 주차장, 버스 정류장 등 우리

영화 〈마이너리티 리포트〉의 한 장면이다. 영화에서는 미래 사회를 감시 사회로 그린다. 이 영화는 범죄 없는 사회를 만든다는 이유로 사람들의 일상생활을 감시하면, 안전한 사회가 아니라 오히려 개인의 자유를 구속하는 사회가 될 수 있다고 말한다.

시선집중 | 패킷 감청

2011년, 국가정보원(국정원)이 국가보안법 위반 혐의를 받은 전직 교사를 감시하기 위해 구글 메일을 패킷 감청한 것이 사실로 드러났다. 패킷 감청이란 통신선을 통해 전기신호 형태로 흐르는 패킷을 제3자가 중간에서 엿보거나 가로채는 것을 말한다. 패킷 감청을 통하면 대상자의 이메일 내용뿐 아니라 메신저 대화 내용, 웹서핑을 하면서 들른 사이트와 내려받은 자료, 인터넷뱅킹 거래명세서와 비밀번호 등 회선을 통해 오가는 모든 정보를 들여다볼 수 있다. 패킷 감청을 통해 감청 대상자는 물론, 그 사람과 같은 회선을 사용하는 제3자의 개인 정보까지 노출당할 위험이 있다. 보안성이 높아서 사이버 망명지로 인기를 끌었던 구글 메일 Gmail마저 감청의 안전지대가 아니라는 것이 밝혀지면서 사람들은 큰 충격을 받았다.

가 생활하는 대부분의 장소에 CCTV가 설치되어 실시간 감시가 이루어집니다.

감시 카메라는 헌법 제17조가 보장하는 사생활의 비밀과 자유를 침해합니다. CCTV가 설치된 곳에서는 사람들이 행동에 제약을 받습니다. 또한 본인도 모르는 사이에 개인 정보가 기록되지만 우리는 개인 정보를 사용하지 말라거나 삭제해 달라고 요구할 수도 없어요. 최근 디지털 CCTV는 화질이 선명할 뿐 아니라 무제한 저장과 검색이 가능하고, 전자우편이나 게시글 같은 인터넷 활동도 추적할 수 있어요.

우리나라 정부는 정보 기술을 통한 행정 시스템을 구축하려고 시도하고 있어요. 가령 교육부는 2003년부터 교육행정정보시스템(NEIS, 이하 '나이스')을 운영하고 있지요. 그러나 학생의 신상 자료를 나이스로 통합 관리하는 것이 학생의 인권(자기정보통제권)을 침해할 수 있다는 비판이 있습니다. 또한 정부는 2011년 말에 전자 주민등록증을 도입하려 했어요. 이 안건은 국회를 통과하지 못해 무산되었지만, 정부의 이런 시도들은 정보 유출과 감시·통제에 대한 심각한 우려를 낳고 있습니다. 행정 처리를 편리하게 하자고 인권을 침해해서는 안 된다는 것이지요.

반감시권의 필요성

정보 인권은 개인이 자신의 정보를 스스로 통제할 권리가 있음을 말합니다. 따라서 개인 정보를 수집할 때는 당사자에게 고지하거나 당사자의 동의를 구해야 하지요. 개인이 국가나 기업과 대등한 위치에서 자신의 정보를 처분할 수 있다는 말이에요.

하지만 국가와 기업은 점점 더 많은 정보를 수집하며 감시를 확대하고 있어요. 현대 시민들은 국가와 기업의 정보 수집에 동의하지 않고서는 생활하기 어려운 불평등한 구조에 속해 있지요. 수집한 정보를 데이터베이스화하여 이를 관리와 통제의 수단으로 삼는다면, 특정인을 차별하는 일이 얼마든지 가능해져요. 감시는 프라이버시와 인격권은 물론 표현의 자유, 행동의 자유, 사상의 자유, 정치의 자유 등 가장 핵심적인 인권을 침해합니다.

그러므로 시민들은 심화된 감시에 대응하기 위해 '반反감시권'을 정립해야 합니다. 감시가 민주주의와 인권을 위협한다는 문제의식을 갖고

시선집중 탱크 맨(Tank Man)

'탱크 맨'은 1989년 중국 천안문 시위에 참가한, 신원이 밝혀지지 않은 시위자다. 천안문 시위 때 중국인 수천 명이 베이징 천안문 광장 주위에 모였다. 이들은 직업·연령·출신지 등은 다 달랐지만, 자유와 국가 운영에 관해 말할 수 있는 권리를 요구한 점에서는 하나였다. 중국 정부는 시위를 진압하기 위해 군대를 투입했고, 그 결과 많은 사람이 사망했다. 서구 언론에 의하면 사상자가 수천 명에 이른다고 한다. 군대 투입 당시 탱크 맨은 천안문 광장으로 진입하는 탱크들을 맨몸으로 막고 서 있었다. 이 모습이 찍힌 사진이 세계 곳곳에 퍼지면서 탱크 맨은 유명해졌다.

천안문 시위가 일어난 지 23년이 지난 2012년 천안문 광장의 평화로운 모습이다.

감시를 근절할 수 있는 법적·제도적 장치를 마련하는 데 힘써야 해요.

언론의 자유와 종교의 자유

언론의 자유란 사람들이 자유롭게 자신의 의견을 교환할 수 있는 것입니다. 언론의 자유가 없는 나라에서는 언론이 정부에 의해서 통제되고, 정부의 정책을 선전하는 데 이용됩니다. 언론의 자유가 있는 나라에서는 언론 매체가 진실을 보도할 수 있지요. 이는 국민에게 진실을 알리고, 정부가 권력을 남용하지 못하게 막는 기능을 합니다. 언론이 자유로워야만 태풍, 홍수 같은 자연 재난으로 인한 피해를 예방할 수 있다는 연구 보고도 있어요. 언론의 자유는 정부 체계가 올바르게 작동하도록 감시하는 역할을 하기 때문입니다.

자유로운 사회에서도 언론에 대한 제한은 있습니다. 특히 다른 사람의 자유를 해치는 경우에는 제한을 둡니다. 거짓된 정보를 보도하거나 확인되지 않은 진술을 발표하는 것은 위법이며, 명예훼손입니다. 모욕감을 주는 발언도 명예훼손에 해당하지요.

사람들이 혐오하는 의견을 표현하거나 지지할 자유도 언론의 자유에 포함됩니다. 그러나 의견을 표현했을 때 그것이 남에게 해를 끼치는 경우엔 언론의 자유를 제한할 수 있어요. 자유 사회에서는 인종차별적인 '견해를 가지고 있는 자체만으로' 누군가를 감옥에 가두지는 않습니다. 그러나 인종적 증오를 선동하는 행동은 법으로 금지하고 있지요.

종교의 자유도 기본적 인권입니다. 그러나 일부 종교 단체는 자신을 비판하는 언론의 자유를 인정하지 않지요. 어떤 사람들은 종교 단체를

시선집중 언론 탄압

박정희 시대

1972년 10월 박정희 대통령은 유신 헌법을 선포했다. 사실상 종신 독재 체제가 열린 것이다. 이후 정부는 여러 번의 긴급조치로 많은 비판적 지식인, 종교인, 언론인을 탄압했다. 그러나 기자들은 인권 운동가나 야당 인사에 관한 기사를 실으며 독재정권에 대항했다.

당황한 독재정권은 광고주들을 협박했고, 결국 대기업 광고주들은 일방적으로 광고를 해약했다. 동아방송에도 광고가 끊겼다. 이 때문에 동아일보는 12월 26일 자 신문에서 광고를 실어야 할 자리를 백지 상태로 인쇄·배포했다. 그런데 뜻밖에도 시민들의 격려가 쏟아졌다. 시민들은 독재에 저항하는 동아일보와 동아방송에 격려 광고와 성금을 냈다. 1975년 5월까지 모두 10,352건의 격려 광고가 실렸다. 이 일을 '동아일보 백지 광고 사태'라 부른다.

전두환 시대

1980년, 전두환 신군부는 정권을 장악할 목적으로 보안사령부(보안사)를 통해 언론 통폐합과 언론인 강제 해직을 주도했다. 신군부는 언론계에 군부독재 저항 세력이 30% 존재한다고 규정하고 이들을 해직하도록 언론사에 강요했다. 이 과정에서 보안사 군인들은 권총을 휴대하거나 검을 차고 언론사 사주를 위협하여 언론사 포기 각서를 제출할 것을 강요했다. 사건이 발생한 지 30년이 지난 2010년에서야 진실·화해를 위한 과거사정리위원회는 당시 천 명이 넘는 언론인이 강제 해직당했음을 확인했다. 해직 언론인들은 취업이 제한되어 가정 파탄, 생계 곤란, 불명예, 암 발병 등의 고통을 당했다고 한다.

모욕하는 경우에는 표현의 자유를 제한해야 한다고 믿습니다. 그러나 자유 사회에서는 정당한 범위라면, 종교 단체를 비판할 자유가 보장되어야 합니다.

망명 청구권(비호 청구권)

인권은 자국의 박해에서 벗어나 다른 국가에 망명을 청할 수 있는 권리를 보장합니다. 망명이란 종교·정치적인 이유로 자국에서 박해를 받고 있거나 받을 위험이 있는 사람이 이를 피해 외국에 나가 보호받는 것을 뜻해요. 망명을 청하는 이들은 돈 한 푼 없이 다른 나라에 도착하기

2002년, 영국 고스포트 지역 주민들이 망명 청구자 400명을 수용하는 난민촌을 자신들이 사는 지역에 건설하려는 정부 계획에 항의하는 시위를 벌였다. 결국 영국 당국은 계획을 철회했다. 망명 청구자를 위한 난민촌 부지를 마련하는 일은 지역 주민들의 반대에 부딪히기 십상이다.

도 하고, 망명지의 언어를 구사하지 못하기도 합니다. 때로는 망명 청구자들이 경제적으로 형편이 나아지기 위해 난민인 척 가장한다는 의심도 받아요. 그러나 보고에 의하면, 영국에 망명을 요청한 사람들은 실제로 위험에서 벗어나고자 한 경우가 대부분이었다고 합니다.

함께 토론해 봅시다!

고문은 절대 금지해야 할까요?

고문은 절대 안 돼요!
- 고문은 어떤 상황에서도 받아들일 수 없는 야만적인 행위입니다.
- 죄 없는 사람을 실수로 고문할 수 있습니다.
- 고문으로 얻은 정보는 신뢰할 수 없습니다.

고문이 필요할 때도 있어요!
- 핵무기를 사용하는 테러 공격은 반드시 막아야 하지요. 이처럼 수단과 방법을 가리지 않고 막아야 하는 위협도 있는 겁니다.
- 범법자와 테러리스트의 인권보다는 법을 준수하는 일반 시민의 권리를 보호해야 합니다.
- 고문을 받지 않을 권리는 오히려 테러 희생자의 생명권에 불리하게 작용할 수 있습니다.

여러분의 생각은 어떤가요?

경제·사회·문화적 권리 : 사회권

경제·사회·문화적 권리는 모든 사람에게 기본적인 생활수준과 교육, 의료 서비스를
보장하는 것을 목적으로 하는 권리입니다. 간단히 줄여서 '사회권'이라고 부르지요.

경제 · 사회 · 문화적 권리는 모든 사람에게 기본적인 생활수준과 교육, 의료 서비스를 보장하는 것을 목적으로 하는 권리입니다. 간단히 줄여서 '사회권'이라고 부르지요. 이 권리는 경제 · 사회 · 문화적 권리에 대한 국제 규약(ICESCR : International Covenant on Economic, Social, and Cultural Rights)에 의해 보호받습니다. 사회권을 흔히 '적극적' 권리라고 합니다. 충분한 물과 식량, 적절한 주거와 의료 서비스, 그리고 생계를 위해 일할 기회 등을 보장해 주도록 정부에 요구하는 권리이기 때문이지요.

비판

경제 · 사회 · 문화적 권리가 인권이 아니라고 주장하는 사람들이 있습니다. 이들은 인권이란 사람들이 자유롭게 살 수 있도록 보호하는 것, 즉 시민 · 정치적 권리를 인권이라고 주장하지요. 이들은 식량과 의료 서비스를 권리로 분류하면, 정부의 결정 권한을 방해하게 된다고 생각합니다. 정부는 경제 · 사회 · 문화적 권리를 보장하기 위하여 다른 권리와 자

소말리아 어린이들이 굶주리고 있다. 세상에는 지금도 생존에 필요한 식량과 물이 부족한 사람들이 많다. 그렇지만 식량과 물을 보장해 달라는 권리가 기본적 인권이 되어야 한다는 주장에 모두가 동의하는 것은 아니다.

유를 제한해야 할 수도 있어요. 예를 들어, 정부는 빈곤층에게 의료 서비스를 제공하기 위해 경제적으로 형편이 나은 사람들에게서 세금을 징수해야 하는데 이는 재산권의 제한에 속하거든요.

이에 대해 인권 운동가들은 모든 권리는 연결되어 있다고 반박합니다. 경제·사회·문화적 권리는 특권층이나 다수자뿐만 아니라 모든 구성원의 이익을 보호하는 역할을 합니다. 이러한 권리를 통해 가난한 사람들도 최소한의 경제력을 가지고 교육을 받아야지만 시민·정치적 권리 또한 누릴 수 있는 것이라고 말합니다.

식량과 식수

사람이 살아가기 위해서는 식량과 식수가 필요하지요. 그러나 식량과 식수가 부족한 지역은 여전히 많습니다. 만약 기본적 욕구가 충족되지 못해 오직 생존을 위해 발버둥쳐야 한다면, 언론의 자유 같은 시민·정치적 권리가 무슨 의미가 있을까요?

정부가 모든 사람에게 음식과 물을 무상으로 제공해야 한다는 뜻은 아닙니다. 다만 음식과 물을 이용할 수 있는 권리를 모든 사람에게 보장해야 한다는 것이지요. 정부는 어느 누구도 농토에서 부당하게 쫓겨나는 일이 없도록 해야 하며, 기근과 같은 위급 상황에서는 사람들에게 구급 식량을 제공해야 합니다. 더불어 실업자나 장애인 등 소외 계층을 돕는 사회적 안전장치도 완비해야 해요.

미국 플로리다 주 마이애미에서 한 남자가 식량 배급표를 받고 있다. 미국과 같이 부유한 나라에서는 극빈층이 굶주리지 않도록 돈 또는 무료 식량을 제공하는 시스템을 갖추고 있다.

시선집중 물의 가격

2000년에 볼리비아 정부는 코차밤바 시의 수도 사업을 서구 회사에 팔아 버렸다. 서구 회사가 사업을 인수받자 수돗물 가격은 급격히 인상되었다. 네 자녀의 어머니인 타니아 파레데스네 가정에 부과된 수도 요금은 이 일의 부당함을 상징적으로 보여 주었다. 파레데스는 평소 수도 요금의 3배에 해당하는 요금 통지서를 받았다. 이는 파레데스네 일주일 식비의 3배가 넘는 액수였다. 결국 시민들의 강력한 항의로 정부가 다시 수도 사업을 관리하게 되었다. 이 사례에서 알 수 있듯, 모든 사람이 이용할 수 있는 적절한 가격으로 물이 공급되어야 사람들의 물에 대한 권리도 실현될 것이다.

전문가 의견

전쟁 중, 점령지 민간인들의 주거와 식량은 누가 책임져야 하는가?

"가자 지구의 150만 팔레스타인 주민은 2주일 이상 지속된 대규모 군사 작전 때문에, 먹고사는 가장 기본적인 문제를 해결하지 못하고 있다. 이들은 식량, 물, 가스, 연료, 의약품을 전혀 공급받지 못했다. 길거리 곳곳에서는 하수가 넘쳐나 냄새가 지독하고, 가자 지구 주민의 56%를 차지하는 어린이들은 특히 위험에 무방비로 노출되어 있다. 인도주의 관점에서 보면, 점령국인 이스라엘이 점령지 시민들의 안전과 복지를 보장해야 한다. 봉쇄(나라 안팎으로 사람이나 물건이 드나들지 못하게 하는 것)는 집단에 대한 처벌로서 국제법에 위배된다."

2009년 가자 지구 인권 위기에 관한 휴먼라이츠워치 보고서
〈박탈당하고, 위험에 처한 사람들〉

2009년 1월 이스라엘의 공습 이후, 한 팔레스타인 남성이 폐허가 된 자신의 집에 피신해 있다.

주거

주거 또한 인간에게 반드시 필요합니다. 최근 주거 문제가 세계적으로 위기에 봉착했어요. 유엔에 따르면, 전 세계적으로 16억 정도의 인구가 상·하수도 설비가 갖춰지지 않은 주거지에서 살고 있다고 합니다. 주거 문제는 선진국에서도 심각합니다.

무력 충돌 시기에는 주거권을 보장하기가 거의 불가능합니다. 전쟁으로 민간인의 재산이 크게 훼손되는데, 이러한 피해는 불가피할지도 모릅니다. 하지만 고의로 대규모의 주택을 파괴하고 주민들을 집에서 강제로 내쫓는다면, 이는 국제법상 명백한 범죄입니다.

시선집중 중국의 농민공

중국에서 농민공農民工이란 농촌을 떠나 도시에서 일하는 하급 이주 노동자를 일컫는다. 현재 중국은 사상 최대의 이농현상을 겪고 있으며, 매년 1,300만 명이 이주하고 있다. 현재 농민공의 수는 1억 2,000만 명으로 전체 인구의 9%에 이른다. 이들은 중국의 산업 발전을 위해 필요한 노동력을 제공한다. 중국 당국은 2020년까지 현재 서유럽 인구 규모인 4억여 농민이 도시로 추가 이주할 것으로 예상한다.

농민공은 대부분 열악한 주거 환경에서 살아간다. 도시 호구가 없어 정부가 제공하는 염가廉價 주택 공급 대상에서도 제외되기 때문이다. 대다수 농민공은 '워쥐(蝸居, 달팽이집)'라 불리는 열악한 숙소에 기거하며, 방 한 칸에 수십 명이 모여 사는 일이 다반사다. 주거 문제 외에도 농민공은 사회적 차별을 받고 있어, 중국에서 농민공 문제는 시한폭탄이라는 우려가 많다.

그러나 분쟁 중에 주거를 파괴한 것이 범죄에 해당하는지는 판단하기 어렵습니다. 최근, 이스라엘과 팔레스타인 사이의 분쟁으로 팔레스타인의 주택이 폐허로 변했습니다. 이스라엘은 팔레스타인 테러리스트들의 공격에 시달려 왔으므로, 자신들 또한 대응하는 과정에서 파괴가 일어나는 것은 어쩔 수 없다고 주장합니다. 여론은 이스라엘의 대응이 불가피하다는 쪽과 그렇지 않다는 쪽으로 나뉘어 있습니다.

시선집중 도시 개발과 주거

2009년 1월 20일 서울 용산구 한강로 2가에 위치한 남일당 건물 옥상에서 시위를 벌이던 세입자와 전국철거민연합회 회원들, 경찰, 용역 직원들 간에 충돌이 벌어졌다. 이 과정에서 화재가 발생해 철거민 5명과 경찰 특공대 1명이 사망하고 23명이 크고 작은 부상을 입었다. '용산 참사'라 불리는 이 사건은 재개발 구역에 포함된 건물을 강제 철거하는 과정에서 일어났다. 세입자들에게 주어진 보상금이 터무니없이 적었고, 거처 마련이 어려운 겨울철에 철거가 시작되는 바람에 철거민들의 반발이 더욱 강했다. 2012년 7월 현재, 용산 참사의 생존자들은 아직도 수감 생활을 하고 있다. 재개발 문제는 용산뿐 아니라 도시 곳곳에서 현재 진행 중이다.

'용산 참사'를 그린 〈두개의 문〉이라는 다큐멘터리 영화가 2012년 6월에 개봉돼 화제를 모았다.

노동자의 권리

인간은 노동을 통해 세상을 더 살기 좋은 곳으로 만들었습니다. 사람은 인간다운 삶을 위해 노동을 해야 합니다. 그 노동은 인간다운 조건에서 이루어져야 합니다. 즉 노동 환경이 안전해야 하며, 노동 시간과 임금 등도 적정한 수준이어야 해요.

근로의 권리는 직장에서의 부당한 처우로부터 노동자를 보호합니다. 근로 조건에 대한 관심은 인권 운동보다 먼저 시작되었어요. 수백 년 동안 노동자들은 노동조합을 통해 단결해 왔습니다. '1919년'에 설립된 국제노동기구ILO는 국제적 근로 기준을 마련하고 모든 노동자가 공정한 대우를 받을 수 있도록 노력해 왔습니다. 세계인권선언이 1948년에 채택된 사실을 떠올려 보면 근로의 권리가 얼마나 중요한지 알 수 있어요. 오늘날에도 근로 조건에 대한 논의는 중요하게 다루어집니다. 열악한 근로 조건에 처해 있는 사람들에게는 여행의 자유나 선거의 자유가 무의미할 것이니까요.

인권이 존중되는 사회에서는 사람들이 자신의 의사에 반하는 노동을 강요받지 않아요. 나아가 노동자는 부당한 해고로부터 보호를 받고 공정한 보수를 받으며 안정된 근로 환경을 제공받습니다.

그러나 세계의 많은 지역에서 이러한 권리는 보장되지 않고 있어요. 가난한 나라의 사람들은 선택의 여지가 없이 매우 적은 보수를 받고 오랜 시간 일을 하지요. 또 어떤 사람들은 빚 때문에 노예처럼 일하기도 합니다. 가난한 여성들은 납치되어 성매매를 강요받기도 하지요.

일부 국가는 값싼 노동자의 숙련된 능력에 국가 경제를 의존하고 있

2004년 인도 뭄바이에서 어린이들이 아동 노동에 항의하며 펼침막을 들고 있다. 인권 운동가들은 아동에겐 교육을 받을 권리와 노동을 강요당하지 않을 권리가 있다고 주장한다. 그러나 개발도상국에서는 여전히 아동 노동이 흔한 일이다.

습니다. 그곳에서는 근로 조건과 임금 수준이 끔찍할 정도이고, 노동조합을 결성하려고 시도하는 노동자들이 무자비하게 탄압받습니다. 심지어 아동의 노동력을 착취하는 지역도 많아요. 학교에 가거나 밖에 나가 놀아야 할 어린이들이 고된 노동에 시달립니다. 가령 서구의 스포츠 용품 가게에서 팔리는 상품들을 바느질하면서 말이에요. 요즈음 소비자들은 기업이 제품을 생산할 때 아동을 노동자로 사용한다는 사실을 알면 분노하고, 기업이 아동 노동자를 사용하는 정책을 포기하도록 상품 불매운동을 전개하기도 합니다.

> **시선집중** **어린이 노동 착취와 어린이 인권**
>
> 아시아·태평양 지역의 5~14세 어린이 인구는 약 6억 5천만 명이다. 이 가운데 18.8%의 아이들이 노동 현장에서 일한다. 어린이 5명 가운데 1명이 노동자란 이야기다. 아프리카에서는 15세 미만 어린이 가운데 노동에 내몰린 아이가 무려 41%에 이른다고 한다. 이 어린이들 대부분이 장시간 노동을 하지만 하루 임금은 1~2달러이거나 1달러에 못 미치는 경우도 많다. 예컨대 우즈베키스탄의 면화 농업에 동원되는 어린이의 하루 삯은 14센트 정도이며, 한 푼도 받지 못하는 일도 흔하다고 한다.

개발도상국에서의 노동자 권리

노동자 권리에 대한 협의를 이끌어 내는 일은 어렵습니다. 특히 개발도상국 정부는 임금 인상과 근로 조건 개선에 적대적인 태도를 보이지요. 이들 정부는 값싼 노동력으로 생산 비용을 낮추어 다국적 기업을 자국으로 유치하려 합니다. 그런데 새로운 근로 기준을 도입함으로써 인건비가 올라간다면, 노동자들은 일자리를 잃게 될 것이고, 그러면 노동자들의 사정이 전보다 더 나빠질 것이라고 주장합니다. 우리나라에서도 일부 정치가나 기업가는 외국 기업을 유치하기 위해 노동자의 권리를 제한해야 한다고 말합니다.

하지만 인권 운동가들은 그러한 주장이 과장된 것이라고 일축합니다. 개발도상국의 노동력은 여전히 선진국보다 훨씬 저렴하므로, 최소한의 근로 조건을 제공하더라도 다국적 기업의 투자를 유치하는 데 방해가 되지 않을 것이라고 합니다.

우리나라의 비정규직 노동자

우리나라 비정규직 노동자는 정부 공식 통계로 약 600만 명에 이릅니다. 하지만 노동계에서는 2011년 기준으로 비정규직 노동자를 약 900만 명으로 추산하는데, 이는 전체 임금 근로자의 절반이 넘는 수치입니다.

비정규직의 월 급여는 정규직 노동자의 절반에 불과하고, 그 격차도 더욱 벌어지고 있어요. 국민연금이나 고용보험 가입 비율 역시 40퍼센트 안팎으로 정규직의 절반에 그칩니다. 같은 노동을 하면서도 임금이 절반 수준이라면 차별이 아닐까요? 비정규직 노동자는 불안정한 고용,

'해고는 살인'이라는 현수막이 걸린 대한문 앞 분향소. 쌍용자동차의 부당 해고를 규탄하고 해고자 전원 복직을 촉구하며, 그동안 세상을 등진 노동자들을 추모하고 있다.

2012년 6월 6일, 서울 종로구 재능교육 건물 앞에서 재능교육지부 해고자들이 1629일째 거리 농성을 이어 가고 있다.

> **시선집중** 노조 설립자 살해
>
> 2008년 3월 10일 필리핀 이무스에서 노조 설립자인 제라르도 크리스토발이 살해당했다. 차를 몰고 가던 크리스토발을 무장 괴한이 쫓아와서 총으로 쏘았다. 2006년에도 크리스토발은 살해될 뻔했다. 크리스토발은 EMI-Yazaki 반도체 공장에서 두 번째로 살해된 노동자 대표다. 노조원들은 경찰이 크리스토발 사건을 수사하지 않는다고 항의했고 사건에 경찰이 연루되어 있다고 주장했다. 세계 곳곳에서 노동자의 권리를 세우려는 노조 지도자들이 종종 암살의 표적이 되고 있을 정도로, 노동자의 권리는 열악하다.

낮은 소득, 취약한 사회 안전망이라는 노동 시장의 3대 위협에 맨몸으로 노출된 것이지요.

전태일 열사와 노동 인권

전태일의 분신 저항은 사회적으로 큰 반향을 일으켰습니다. 저임금과 장시간의 노동, 감내할 수 없는 비인간적인 노동 조건 등 참혹한 노동 현실이 널리 알려졌습니다. 노동자와 대학생, 지식인 등 각계 각층이 연대하여 노동 문제를 사회 이슈화했어요. 언론 역시 정부의 노동 정책을 비판했지요.

전태일의 외침은 우리나라 노동 인권의 증진에 엄청난 영향을 끼쳤습니다. 2009년과 2010년 전국 노동자 집회의 이름이 '전태일 열사 정신

> 시선집중 **"근로기준법을 준수하라! 우리는 기계가 아니다!"**

    전태일은 1948년 대구 남산동에서 노동자의 맏아들로 태어났다. 1954년, 어린 태일은 동생 셋과 함께 부모를 따라 서울로 올라왔다. 전쟁은 휴전 상태로 바뀌었지만, 폐허가 된 땅에서 태일의 가족도 먹고사는 문제에 시시각각 부닥쳤다. 결국 태일은 남대문 국민학교 4학년 때 학교를 중퇴하고, 생계를 위한 노동을 시작했다. 1965년, 태일은 아버지에게 배운 재봉 기술로 서울 청계천 평화시장에서 하루 14시간 노동을 하며 당시 차 한 잔 값인 50원을 받았다. 태일은 어린 여공들이 적은 월급과 열악한 환경, 과중한 노동에 시달리는 것을 보며 노동 운동에 관심을 두기 시작했다. 당시 평화시장 봉제공장은 환기가 거의 안 되는 밀폐된 곳이라 먼지로 가득 차 있었다. 이런 환경에서 한 여공이 폐렴에 걸리자 강제 해고를 당하는 사건이 발생했다. 이때 태일은 여공을 도왔다는 이유로 해고되었다.

    1968년, 재취업한 전태일은 우연히 근로기준법을 알게 되었다. 그 뒤 홀로 법을 공부한 태일은, 현실에선 법에 규정된 최소한의 근로 조건조차 지켜지지 않는다는 사실을 깨닫고 분개했다. 그리고 노동 현실을 바꾸고자 1969년 6월 '바보회'를 창립했다. 이것은 평화시장 최초의 노동 운동 조직이었다. 태일은 노동자들에게 근로기준법의 내용과 현재 근로 조건의 부당함을 알리고, 설문을 통해 노동 실태를 조사했다. 이 일로 전태일은 다시 평화시장을 떠나 한동안 막노동을 하며 지내야 했다.

    1970년 9월에 평화시장으로 돌아온 전태일은 재단사로 일하며 이전의 바보회를 발전시킨 '삼동회'를 조직했다. 삼동회 회원들은 본격적으로 임금, 노동 시간, 노동 환경 개선과 노동조합 결성 등을 위해 사업주 대표들과 협의를 벌였다. 하지만 정부가 여러 차례 약속을 위반했고 기업주들도 삼동회를 사회주의 조직이라고 헐뜯어 다른 노동자의 참여를 방해했다.

　마침내 전태일과 삼동회 회원들은 1970년 11월 13일 근로기준법 화형식을 하기로 결의했다. 근로기준법이 노동자의 인권을 보호하지 못하는 무능한 법이라고 고발하는 뜻이었다. 이들은 평화시장 앞에서 시위를 벌였다. 하지만 기업주들과 경찰의 방해로 펼침막을 빼앗기는 등 시위가 무산될 위기에 처했다. 이때, 전태일은 갑자기 온몸에 석유를 끼얹어 불을 붙이고 "근로기준법을 준수하라! 우리는 기계가 아니다!" 등의 구호를 외치며 평화시장 앞을 달리다 쓰러졌다. 태일은 "배가 고프다."는 마지막 말을 남기고 세상을 떠났다.

평화시장에서 일할 당시 동료들과 찍은 사진. 뒷줄 중앙이 전태일이다(왼쪽 사진).
전태일이 평화시장 건물 난간에 기대어 자세를 취하고 있다(오른쪽 사진).

영화 〈어머니〉의 한 장면. 전태일 열사의 어머니 이소선 여사가 MBC 노조파업 당시 연대하러 갔을 때의 모습이다. 이소선 여사는 전태일 열사가 죽은 뒤로 평생 노동자와 소외 계층이 목소리를 내는 곳에 어김없이 달려가 힘을 실었다.

계승을 위한 노동자 대회'였을 만큼 전태일의 외침은 40여 년이 지난 지금도 큰 영향을 주고 있어요.

교육과 건강

경제·사회·문화적 권리는 모든 사람에게 교육을 받을 권리와 보건에 관한 권리를 약속하고 있습니다. 건강하고 행복한 삶을 살기 위해서는 교육과 의료 혜택을 받을 수 있는 권리가 반드시 필요합니다.

교육을 받을 권리

교육을 받을 권리란 정부가 모든 어린이에게 의무 초등 교육을 제공해야 함을 의미합니다. 또한 정부는 사람들이 중등 교육과 대학 교육을 받을 수 있도록 가능한 한 도와야 합니다. 교육은 모든 어린이가 예외

없이 누려야 합니다. 인간은 교육을 받아야 자신의 권리를 제대로 알고 바르게 행사할 수 있어요. 적절한 교육을 받지 못한 사람들은 삶의 결정권을 가진다 한들 지식이나 정보가 없기 때문에, 불리하거나 올바르지 못한 선택을 할 가능성이 있어요. 따라서 교육권은 인권 가운데서도 핵심적인 권리입니다.

교육을 받을 권리도 전 세계 모든 지역에서 만족할 만한 수준으로 보장되고 있지 않습니다. 대체로 여자아이들보다 남자아이들이 더 나은 교육을 받고 있어요. 그리고 일을 하는 아이들과 길거리에 사는 아이들은 정식 교육을 거의 받지 못하고 있지요.

아프리카 세네갈에서 초등학교 학생들이 수업을 듣고 있다. 세네갈 헌법은 모든 어린이에게 교육을 받을 권리를 보장하지만, 세네갈의 교육 현실은 열악하다. 2005년 한 조사에 의하면, 5~14세 어린이의 30%가 학교에 가지 못하고 일을 하고 있다.

보건권

보건권은 의료 처치를 받을 수 있는 권리를 보장합니다. 즉, 공적으로 제공되는 의료보험 서비스를 통해서든지 아니면 개인적으로 가입한 건강보험을 통해서든지, 누구나 치료를 받을 수 있어야 함을 의미합니다. 우리나라의 국민건강보험이나 영국의 국민건강서비스 등이 공공 의료 서비스에 속하지요.

보편적인 보건권을 제공하기 위해서는 아직 가야 할 길이 멀어요. 가령 아프리카에서 유행하는 에이즈는 인류가 풀어야 하는 큰 과제입니다. 에이즈는 인체의 면역 체계를 파괴해 각종 감염에 취약하게 만드는 치명적인 질병입니다. 에이즈는 아직 완치가 불가능하지만 치료제로 병의 진행을 더디게 할 수 있어요. 그러나 문제는 아프리카인 대다수가 이 치료제에 접근할 수 없다는 사실입니다.

선진국 또한 보편적인 의료 혜택을 제공하는 데 문제를 안고 있습니다. 예를 들어, 미국은 세금으로 비용을 충당하는 공공 의료 서비스를 갖추고 있지 않습니다. 미국은 개인적 의료 시스템을 채택하고 있기 때문에, 보험에 가입한 사람들만 의료 서비스를 받을 수 있어요. 하지만 상당수 미국인이 보험료를 지불할 수 없거나 보험에 가입할 수 없는 형편입니다. 2009년, 3억 미국인 가운데 4,600만 명이 건강보험에 가입하지 못했어요.

우리나라에서는 의료 민영화 논란이 일고 있습니다. 의료 민영화는 말 그대로 국가가 국민의 의료를 책임지지 않는 것을 말합니다. 즉, 개인이 자기 돈으로 의료보험에 가입하고, 병에 걸렸을 때 보험회사의 승인을 얻어 치료비를 냅니다. 따라서 형편이 넉넉하지 않은 국민들에게는 불리하지요. 반면 의료 민영화가 되면 정부는 재정 지출을 줄이고 세금을 덜 걷으니까 부자들의 지지를 받을 수 있을 겁니다. 또한 병원과 보험회사 측은 시장이 확대되어 이익을 챙길 수도 있겠지요.

 **함께 토론해 봅시다!**

경제·사회·문화적 권리는 보편적으로 시행되어야만 하나요?

그럼요!
- 자유롭고 평등한 사회에서 살기 위해서는 인간의 기본적 욕구가 충족되어야 해요.
- 정부가 사회권을 보장해야 합니다. 그러나 정부는 그 사회에 적합한 방식으로 식량, 물, 주거, 교육, 보건 등에 접근할 권리를 제공할 수 있도록, 방법의 면에서 자유로워야 합니다.
- 정부는 모든 시민에게 삶의 필수품을 제공할 의무가 있습니다. 정부가 이러한 의무를 이행할 것인지 말 것인지에 대한 결정권을 가져서는 안 돼요.

아니요!
- 정부는 이러한 권리를 보장하기 위한 자원을 충분히 가지고 있지 않아요. 따라서 이것들을 '권리'라고 부르는 것은 현실적으로 의미가 없어요.
- 만약 식량과 주거와 같은 필수품이 매우 비싼 상황이라면, 모든 사람에게 그러한 권리를 주기는 불가능하지요.
- 제한된 자원을 어떻게 분배할지는 국가 스스로 결정하도록 위임해야 해요.

여러분의 의견은 어떤가요?

6
CHAPTER

인권 운동은 인류에게 어떤 영향을 끼쳤을까요?

인권은 우리 모두의 정당한 권리이자 동시에 의무입니다. 인권은 민주주의가 구체적으로 살아 숨 쉬는 곳에서, 인간으로서의 권리 실현을 위해 깨어서 노력하는 사람들에게만 보장될 것입니다.

인권은 인류가 당면한 여러 문제에 새로운 패러다임[11]을 제시해 왔습니다. 오늘날은 새로운 법을 제정할 때나 자연재해, 사회적 갈등이 일어났을 때 그것이 인권에 어떤 영향을 주는지에 대한 관점에서 문제를 논의합니다. 우리나라에서도 여러 교육청에서 학생인권조례를 제정하는 상황이 되면서 학생들의 두발과 복장, 체벌 등 예전 같으면 아무런 문제의식 없이 넘어갈 사항들을 인권의 관점에서 다시 바라보게 되었습니다.

이건 정말 놀라운 발전이지요. 세부 사항에서는 논란이 있지만, 모든 사람이 존엄하게 대우받아야 한다는 기본 원칙에는 대부분의 나라와 시민들이 수긍하고 있습니다. 그러나 말과 행동이 크게 차이 나는 정부도 많습니다. 인권 조약을 승인했던 여러 국가가 실제로는 인권 침해를 자행하고 있어요.

---

11 어떤 한 시대 사람들의 견해나 사고를 근본적으로 규정하고 있는 테두리로서의 인식의 체계. 또는 사물에 대한 이론적인 틀이나 체계.

인권의 위기

유엔은 국제 인권 조약들을 꾸준히 만들었으나 인권의 위기는 계속 일어나고 있어요. 집단 학살과 같이 가장 잔인한 인권 침해를 막으려는 유엔의 노력도 실패한 경우가 여럿 있습니다.

주목할 만한 사례는 2003년 아프리카 수단의 다르푸르에서 일어났던 분쟁입니다. 이 분쟁은 아랍계와 비아랍계의 수단인들 사이에서 일어났어요. 수단 정부의 지원을 받는 아랍 민병대가 비아랍 집단을 대규모로 살해했어요. 유엔은 이 내전으로 30만 명의 사람들이 죽었다고 보고 있습니다.

다르푸르에서의 전쟁범죄는 2003년에 일어났지만, 유엔 안전보장이사회는 2007년 7월에야 유엔 평화유지군을 파견하기로 했어요. 사람들은 국제 대응이 너무 느렸다고 비판합니다. 수단에 있는 평화유지군이 발표한 바로는, 내전은 2009년 8월에야 끝났다고 합니다.

수단 대통령 오마르 하산 알 바시르가 2009년 3월 집회에서 지지자들에게 손을 흔들고 있다. 바시르는 전쟁범죄와 반인륜 범죄로 국제형사재판소에 기소된 상태다. 하지만 바시르는 여전히 혐의를 부인하며 대통령직을 수행하고 있다.

시선집중 **국제적 압력의 승리**

2006년 아프가니스탄에서 젊은 학생인 사에드 퍼베즈 캄바크시가 체포당해 사형을 선고받았다. 캄바크시의 죄목은 여성의 권리 신장에 대한 정보를 퍼뜨려 이슬람을 모욕했다는 것이었다. 캄바크시의 상황이 영국 신문인 〈인디펜던트〉에 보도되자 다른 나라와 인권 단체들이 아프가니스탄 정부에 엄청난 압력을 가했다. 캄바크시에 대한 선고는 처음의 사형에서 20년형으로 바뀌었고 그 뒤 캠페인이 지속되자 캄바크시는 2009년 9월에 석방되었다. 인권을 지지하는 국제사회의 압력이 하나의 열매를 얻은 경우다.

2008년 10월 아프가니스탄 카불에 있는 재판소에서 항소 심리 중인 사에드 퍼베즈 캄바크시의 모습이다. 캄바크시의 항소는 실패했으나 2009년 9월 하미드 카르자이 대통령은 캄바크시가 나라를 떠날 수 있도록 허락했다.

인권의 이행

인권을 완벽하게 보장하는 일은 어렵습니다. 유엔 안전보장이사회는 인권 침해를 하는 나라에 제재를 가할 수 있어요. 그러나 유엔 안전보장이사회가 그런 결정을 내리는 일은 드물어요. 5개 상임이사국(미국, 영국, 프랑스, 중국, 러시아)은 어떠한 결정도 막을 수 있는 '거부권'을 가집니다. 5개국의 의견이 만장일치가 되어야 조치를 취할 수 있다는 말입니다. 따라서, 전에 인권 침해를 자행한 적이 있는 이사국은 자신의 동맹국이 인권 침해 행위를 할 때 동맹국을 제재하자는 결의안에 반대할 가능성이 큽니다.

특히 중국은 인권 상황이 좋지 않고, 인권 침해를 행하는 다른 국가들과도 친밀한 관계를 유지하고 있어요. 인권 단체들은 다르푸르에서 집단 학살을 저지른 수단 정부에 중국이 무기를 공급한 것을 비난합니다.

미국도 중국과 마찬가지로 비난받을 만하다고 말하는 사람들이 많습니다. 1992년 로스앤젤레스 흑인 폭동을 유발시킨 로드니 킹 사건이 일어난 지 한참이 지났지만 미국 사회에서 인종차별은 여전히 사라지지 않고 있어요. 또한 중동 지역에서 미국의 행동도 비난받습니다. 미국은 친미적인 아랍 국가들에는 그 국가가 독재 정권일지라도 매우 관대하며, 이스라엘 군인들이 아랍인들에게 저지른 인권 유린에 대해서는 눈감고 있다는 것입니다. 또한, 1981년에 로널드 레이건 미국 대통령은 1980년 5·18 민주화 운동 과정에서 수천 명의 국민을 살상한 책임자인 전두환 대통령을 미국에 초청한 바 있습니다. 이는 민주주의를 바라는 우리나라 국민들에게 좌절감을 안겨 주었지요.

시선집중 로드니 킹 사건

1991년 3월 미국 로스앤젤레스LA에서 백인 교통경찰관들이 흑인 로드니 킹Rodney King을 과속 혐의로 체포하는 과정에서 무자비한 폭행을 가했다. 킹은 피투성이가 된 채 수갑에 채워져 연행되었다. 왼쪽 다리가 부러지고 얼굴도 20바늘이나 꿰매야 했으며 평생 청각장애인이 되는 큰 상처를 입었다.

그런데 재판 과정에서 배심원들은 4명의 백인 경찰관 중 3명에게는 무죄를, 나머지 1명에게는 재심사를 결정했다. 당시 배심원은 모두 12명으로, 백인이 10명이고 스페인계와 아시아계가 1명씩이었다. 이 어이없는 판결은 흑인들의 분노를 폭발시켰다. 더구나 백인 경찰들이 킹을 집단 폭행한 장면이 찍힌 비디오가 공개되면서, 상대적인 빈곤과 박탈감 때문에 폭발 요인을 안고 있던 흑인 빈민층의 분노가 6일간의 폭동으로 번졌다.

그러나 불똥은 엉뚱하게도 한인 사회로 튀었다. 흑인 빈민 소녀가 한국계 이주민의 상점에서 사살당하는 사건이 발생하자, 흑인들의 분노는 한국인을 향했다. 그들은 LA 코리아타운을 약탈과 방화의 목표로 삼았고, 폭동의 결과 코리아타운은 90%가 파괴되었다. LA 역사상 최대의 이 폭동에서 50명 이상이 사망한 것으로 추정된다.

권리의 주장

최근에 어떤 이들은 사람들이 지나치게 권리를 주장하는 것을 반대합니다. 인권도 좋지만 너무 지나치다고 생각하는 거지요. 그들은 사람들이 권리에 대해 지나치게 집중하다 보니 집단이나 개인이 까다로워지

권리 주장이 과격한 경우일까? 2009년 6월 발가벗은 시위자들이 영국의 국회의사당 밖에서 연금 혜택 보장에 실패한 정부의 정책에 항의하고 있다.

고 과도한 요구를 하게 된다고 주장해요. 이주민이나 성적(性)소수자와 같은 집단이 너무 강하게 권리를 주장하면 다른 집단의 반감을 불러일으킬 수 있다고 말합니다. 올바른 시민 의식에 포함된 의무를 아는 것과 권리를 주장하는 것이 서로 균형을 이루어야 한다는 의견도 있지요.

그렇지만 소수자 집단[12]의 권리 보호는 인권 운동의 중요한 목표임에 틀림없습니다. 예를 들어 우리나라에 사는 이주민은 현재 120만 명이 넘습니다. 결혼 이주민, 이주 노동자, 새터민 등과 그 가족들입니다. 이주민은 종종 '다르다'는 이유로 비난의 대상이 되지요. 인권 운동가들은 이주민들이 자신들의 관습이나 삶의 방식을 따를 수 있도록 이주민들의 권리를 보호해야 한다고 강조합니다.

---

12 사회의 주류적인 집단과 달리 사회적 취약성 탓에 차별과 인권 침해에 노출되어 있는 집단.

인권이 보편성을 지닌다는 말은 인권이 어떤 한 나라의 국민만을 대상으로 하지 않는다는 뜻이에요. 인권 운동가들은 주거, 의료, 일자리, 교육을 위한 공평한 기회를 보장하는 것이 모든 주거민[13]을 대상으로 행해져야 한다고 주장합니다. 그러나 이주민 소수집단이 오히려 주류 사회의 가치와 관습을 가능한 한 받아들이고 함께 나누도록 장려할 필요가 있다는 입장도 있습니다.

인권과 문화적 다양성

인권의 보편적 특징과 문화적 다양성이 충돌하는 경우가 많이 일어나고 있습니다. 인권이 모든 곳에서 똑같은 권리를 갖는 것이라는 생각과 문화, 종교 그리고 정치적 신념에 따라 다를 수 있다는 생각이 서로 대립하는 것이죠.

예를 들어 이슬람 여성이 머릿수건을 쓰는 것을 생각해 봅시다. 이 전통은 여성의 인권을 억압하는 행위로 볼 수 있어요. 하지만 그것을 강제로 입지 못하게 하는 것 또한 인권을 침해하는 행위일 수 있습니다. 프랑스에서는 '부르카 금지법'이 있어, 공공장소에서 얼굴을 가리면 처벌됩니다. 국제사면위원회는 이 법을 "자신의 정체성과 믿음의 표현으로 베일을 착용하는 이슬람교도 여성들의 종교와 표현의 자유를 침해하는 것"이라 비판하였습니다. 이처럼 무소불위의 명분을 지닐 것 같은 인권을 적용할 때에도 신중할 필요가 있습니다.

---

13 여기에서 주거민은 주거 상태의 합법성 여부, 주거민의 국적 소지 여부와 상관없는 개념이다.

프랑스에 사는 이슬람교도들이 학교에서 종교적 상징물의 착용을 금지시킨 프랑스 정부의 결정에 항의하고 있다. 프랑스 정부는 여학생들이 이슬람 종교에 필수인 머릿수건[14](히잡, 차도르, 부르카, 니캅 등)을 쓰는 것을 금하고 있다.

차이는 '다름'입니다. 문화적, 종교적, 인종적 차이를 인정하고 그 다름의 조화를 존중해야 합니다. 내가 가진 생각이나 문화, 습관과 다르다고 해서 차별하는 것은 반문명적이고 이기적인 태도입니다. 이런 차별적인 태도를 받아들인다면 인류 문화는 다양성과 창조성을 유지할 수 없을 것입니다.

---

14 히잡은 이슬람교도 여성의 전통 옷으로 머리와 가슴 일부만을 가린다. 차도르는 얼굴만 제외하고 모두 가리는 검은색 옷으로, 주로 이란 여성들이 착용한다. 부르카는 가린 정도가 가장 심하다. 주로 아프간 여성들이 입는데 머리끝부터 발끝까지 모두 가리며 눈 부분만을 망사로 가린다. 니캅은 눈을 가린 망사 부분이 없는 부르카다.

인권과 내정간섭

1993년, 싱가포르에 살던 미국 학생 마이클 페이는 친구들과 함께 도로 표지판을 파손하고, 스무 대의 차량에 스프레이를 뿌리고, 싱가포르 국기를 찢고 불태웠습니다. 싱가포르 법정은 페이에게 태형[15] 여섯 대와 4개월의 징역형을 선고했지요.

서구 언론은 이 형벌이 비인권적 처사라고 비난하였고, 싱가포르는 미국이 내정간섭을 한다며 맞섰습니다. 클린턴 미국 대통령이 싱가포르 대통령에게 직접 사면을 요청하기까지 했습니다. 그러나 싱가포르 당국은 1994년 마이클 페이에게 태형을 집행했습니다.

마이클 페이는 범죄를 저질렀고, 싱가포르 법은 그 범죄에 대해서 태형이라는 형벌을 가하고 있습니다. 인권은 법 앞에 만인이 평등하다고 했으니, 마이클 페이도 다른 싱가포르 사람처럼 평등하게 태형을 당해야 할까요? 태형이라는 형벌이 반인권적 형벌이라도 말입니다. 마이클 페이가 미국인이라는 이유만으로 태형을 면한다면 법 앞에 만인이 평등하다는 원칙이 훼손되는 것일까요?

인권에 대한 관심이 커지면서 국제사회는 각국의 사소한 일에도 인권 침해라며 간섭하는 경우가 많습니다. 하지만 인권이 서구에서 근대 시민혁명을 거치면서 본격적으로 발달한 개념인 만큼 서구적 가치를 다른 문화권에 강요하는 경향도 있습니다. 그리고 서구가 인권을 이용해 자신들의 경제적·정치적 이익을 추구하는 측면 또한 분명히 있습니다.

---

15 나무 등으로 만든 매로 때리는 형벌.

인권 상황이 열악한 국가에 대해 인권을 개선하라는 국제사회의 목소리는 당연합니다. 하지만 일부 서구 국가들처럼 자신의 이익 때문에 인권을 이용하는 행위는 옳지 않아요. 예컨대 아프리카나 이스라엘 군인들의 비인권적 행위에 대해서는 침묵하다가, 자신들의 이익과 관련이 있는 경우에만 비인권적 처사라고 목소리를 내는 경우 말이지요.

한편, 중국은 천안문 시위자 등에 대한 국제사회의 권고를 내정간섭이라며 맞설 게 아니라 좀 더 국내 인권을 신장할 필요가 있습니다. 인권과 문화적 다양성 혹은 내정간섭에 관계된 문제는 사건마다 신중하게 판단해야 합니다.

세계는 좋아졌을까요?

인권 운동은 우리 인류에게 얼마나 많은 영향을 미쳤을까요? 인권 운동이 세상을 완전히 바꾸지는 못했습니다. 인권 침해는 여전히 전 세계에서 일어나고 있고, 침해에 대한 처벌도 제대로 이루어지지 않지요.

그러나 인권을 보장하려는 운동은 의미 있는 결과를 이끌어 냈어요. 1999년 나토(NATO, 북대서양조약기구)가 파병한 군대는 코소보 지역을 해방시켰습니다. 코소보인들은 세르비아로부터 독립하기 위해 싸우고 있었지요. 또한 유엔 평화유지군은 인권 침해가 자행되는 국가에 군사 개입을 합니다. 비록 그 대응 시점이 늦기도 하지만 말이에요. 국제사면위원회와 같은 민간단체의 압력은 부당하게 죄를 선고받은 사람들을 구제하는 데 도움이 되고 있어요.

인권 개념이 널리 퍼지게 된 데에는 텔레비전, 라디오, 신문 등 언론 매체의 힘이 컸습니다. 이제는 거의 모든 정부와 사람들이 인권 개념을 받아들이고 있지요. 인권 침해를 한 정부도 인권 침해를 하지 않은 척하거나 그 사실을 부정하고 스스로의 행동을 변명하려고 합니다. 인권 침해국이 국제 여론을 무시하는 것처럼 보여도, 여론은 부분적으로나마 국가의 행동에 영향을 미칩니다.

비록 한계가 있을지언정 인권은 세상을 점차 진보시켰습니다. 인권을 인식한다고 해서 당장 세상이 완벽해지지는 않습니다. 그러나 인권을 추구하는 행동 하나하나가 더 나은 세상을 만드는 분명한 걸음이 될 것입니다.

인권과 의무 그리고 연대

자신과 타인의 인권이 부당하게 침해당했을 때 침묵한다면 그것은 도덕적 책임과 의무를 회피하는 행동입니다. 인권은 일종의 도덕적 의무이기도 합니다. 필요에 따라 포기해도 되는 종류의 권리가 아니라는 뜻입니다. 모든 사람의 인권은 동등하게 존중받아야 하며 어떤 사람도 다른 사람의 인권을 침해할 권리가 없습니다. 모든 사람은 다른 사람의 권리를 존중할 책임과 의무를 가진다는 말이에요. 자신의 권리에 대해서도 마찬가지입니다. 자신의 권리가 실현될 수 있도록 스스로 노력할 '의무'를 가집니다.

인권은 단순한 권리만이 아닌, '권리·의무'입니다. 그리고 권리의 실현을 위해 서로 연대할 때 인권도 보장될 것입니다.

시선집중 | 나는 침묵했습니다(I Didn't Speak)

에밀 구스타프 프리드리히 마틴 니묄러[16]

처음에 나치는 공산주의자를 잡아갔다.
나는 침묵했다. 나는 공산주의자가 아니었기 때문이다.
그리고 그들은 유대인을 잡아갔다.
나는 침묵했다. 나는 유대인이 아니었기 때문이다.
그다음에 그들은 노동 운동가를 잡아갔다.
역시 침묵했다. 나는 노동 운동가가 아니었기 때문이다.
그리고 이제는 가톨릭교도를 잡아갔다.
나는 침묵했다. 나는 가톨릭교도가 아니었기 때문이다.
어느 날부터 내 이웃이 잡혀가기 시작했다.
그러나 침묵했다. 그들이 잡혀가는 것은 뭔가 죄가 있어서라고 생각했기 때문이다.
그러던 어느 날, 내 친구들이 잡혀갔다.
그때도 나는 침묵했다. 내 가족들이 더 소중했기 때문이다.
그러던 어느 날 그들이 나를 잡으러 왔을 때,
이미 내 주위에는 나를 위해 이야기해 줄 사람이 아무도 남아 있지 않았다.

---

16 마틴 니묄러(Emil Gustav Friedrich Martin Niemoeller, 1892~1984)는 독일 리프슈타트에서 태어난 루터교회 목사이자 신학자였다. 니묄러는 반공주의자였으므로 처음에 히틀러의 등장을 지지했다. 그러나 히틀러가 국가의 우월성을 종교처럼 주장하자 환멸을 느껴 히틀러를 반대하는 독일 성직자 그룹의 지도자가 되었다. 당시 독일 성직자들 대다수는 나치의 위협에 굴복했지만 말이다. 니묄러는 결국 체포되어 강제수용소에 감금당했다.

도가니와 한국 인권

〈도가니〉란 영화는 장애 청소년들이 재학하는 광주광역시 인화학교에서 실제 일어난 일을 다루었습니다. 이 영화는 장애인에 대한 인권 침해를 다루고 있지만, 동시에 인권과 민주주의가 얼마나 불가분한 것인가를 잘 보여 주고 있습니다. 영화에서 사립학교 재단과 그 일족인 교장, 행정실장과 타락한 교사 등은 부패 권력의 왕국을 만들어 가장 약한 장애 청소년을 착취했습니다. 게다가 사학재단을 감독하고 감시해야 할 경찰, 검찰 등 사법체계와 교육청 등의 권력기관은 부패와 인권 침해를 못 본 체하거나 때로 감싸기까지 했습니다. 양심적인 교사와 깨어 있는 인권 운동가가 없었다면 진실은 아직도 드러나지 않았을지 몰라요.

인권은 힘 있는 자가 힘없는 자에게 베푸는 시혜가 아닙니다. 민주주의가 실현되지 않고 권력에 대한 감시가 이루어지지 않는 곳에서는 마치 햇빛이 들지 않는 그늘처럼 항상 부패와 인권 침해의 독버섯이 자라나서 모두의 권리를 도둑질합니다. 인권이 가진 자들로부터 일방적으로 주어지는 시혜가 될 때, 그것은 언제든지 거두어질 수 있습니다.

공지영의 원작 소설을 바탕으로 한 영화 〈도가니〉의 포스터.

인권은 우리 모두의 정당한 권리이자 동시에 의무입니다. 인권은 민주주의가 구체적으로 살아 숨 쉬는 곳에서, 인간으로서의 권리 실현을 위해 깨어서 노력하는 사람들에게만 보장될 것입니다.

함께 토론해 봅시다!

여러분은 보편적 인권에 대한 인식이 높아지면 사람들의 삶이 향상된다고 생각하나요?

그렇고 말고요!
- 사람들은 점점 인권에 대한 이해가 깊어지고 있어요. 세계 곳곳에서 벌어지는 인권 침해를 막고 권리를 증진하는 데 도움을 주고자 종종 기부도 하고 있어요.
- 국제사회의 압력으로 국가는 개인의 인권을 침해하는 행위를 자제합니다.
- 인권법은 전쟁범죄의 책임을 개인에게도 물을 수 있게 함으로써, 전쟁 책임자가 '국가 주권' 뒤에 숨을 수 없도록 했어요.
- 인권 단체의 압력은 정부 정책에 영향을 끼쳐 부당하게 감금된 사람들을 석방하게 만듭니다.

꼭 그렇지는 않아요!
- 세계인권선언이 발표된 지 60년이 지났지만 여전히 많은 나라가 인권을 무시하고 있잖아요.
- 정치는 '이익' 이라는 가치를 가장 중요하게 생각합니다. 정부는 결코 인권을 국가 이익보다 우선하지 않을 것입니다.
- 인권의 모든 내용이, 어디에서나 받아들여지는 것은 아닙니다. 왜냐하면 서구의 가치를 다른 지역에 강요하려는 측면이 있기 때문입니다.

여러분의 생각은 어떤가요?

세계인권선언

국가인권위원회의 세계인권선언 60만 읽기 캠페인사이트에 소개된 세계인권선언 전문全 文입니다.

인류 가족 모두의 존엄성과 양도할 수 없는 권리를 인정하는 것이 세계의 자유, 정의, 평화의 기초다. 인권을 무시하고 경멸하는 만행이 과연 어떤 결과를 초래했던가를 기억해 보라. 인류의 양심을 분노케 했던 야만적인 일들이 일어나지 않았던가?
그러므로 오늘날 보통 사람들이 바라는 지고지순의 염원은 '이제 제발 모든 인간이 언론의 자유, 신념의 자유, 공포와 결핍으로부터의 자유를 누릴 수 있는 세상이 왔으면 좋겠다'는 것이리라.
유엔헌장은 이미 기본적 인권, 인간의 존엄과 가치, 남녀의 동등한 권리에 대한 신념을 재확인했고, 보다 폭넓은 자유 속에서 사회 진보를 촉진하고 생활수준을 향상시키자고 다짐했었다.
그런데 이러한 약속을 제대로 실천하려면 도대체 인권이 무엇이고 자유가 무엇인지에 대해 모든 사람이 이해할 수 있도록 하는 것이 가장 중요하지 않겠는가?
유엔총회는 이제 모든 개인과 조직이 이 선언을 항상 마음속 깊이 간직하면서, 지속적인 국내적 국제적 조치를 통해 회원국 국민들의 보편적 자유와 권리 신장을 위해 노력하도록, 모든 인류가 '다 함께 달성해야 할 하나의 공통 기준'으로서 '세계인권선언'을 선포한다.

제1조   모든 사람은 태어날 때부터 자유롭고, 존엄하며, 평등하다. 모든 사람은 이성과 양심을 가지고 있으므로 서로에게 형제애의 정신으로 대해야 한다.

제2조   모든 사람은 인종, 피부색, 성, 언어, 종교 등 어떤 이유로도 차별받지 않으며, 이 선언에 나와 있는 모든 권리와 자유를 누릴 자격이 있다.

제3조	모든 사람은 자기 생명을 지킬 권리, 자유를 누릴 권리, 그리고 자신의 안전을 지킬 권리가 있다.
제4조	어느 누구도 노예가 되거나 타인에게 예속된 상태에 놓여서는 안 된다. 노예제도와 노예 매매는 어떤 형태로든 일절 금지한다.
제5조	어느 누구도 고문이나 잔인하고 비인도적인 모욕, 형벌을 받아서는 안 된다.
제6조	모든 사람은 법 앞에서 '한 사람의 인간'으로 인정받을 권리가 있다.
제7조	모든 사람은 법 앞에 평등하며, 차별 없이 법의 보호를 받을 수 있다.
제8조	모든 사람은 헌법과 법률이 보장하는 기본권을 침해당했을 때, 해당 국가 법원에 의해 효과적으로 구제받을 권리가 있다.
제9조	어느 누구도 자의적으로 체포, 구금, 추방을 당하지 않는다.
제10조	모든 사람은 자신의 행위가 범죄인지 아닌지를 판별받을 때, 독립적이고 공평한 법정에서 공평하고 공개적인 심문을 받을 권리가 있다.
제11조	범죄의 소추를 받은 사람은 자신을 변호하는 데 필요한 모든 것을 보장받아야 하고, 누구든지 공개재판을 통해 유죄가 입증될 때까지 무죄로 추정될 권리가 있다.
제12조	개인의 프라이버시, 가족, 주택, 통신에 대해 타인이 함부로 간섭해서는 안 되며, 어느 누구의 명예와 평판에 대해서도 타인이 침해해서는 안 된다.
제13조	모든 사람은 자기 나라 영토 안에서 어디든 갈 수 있고, 어디서든 살

수 있다. 또한 그 나라를 떠날 권리가 있고, 다시 돌아올 권리도 있다.

제14조 모든 사람은 박해를 피해, 타국에 피난처를 구하고 그곳에 망명할 권리가 있다.

제15조 누구나 국적을 가질 권리가 있다. 누구든지 정당한 근거 없이 국적을 빼앗기지 않으며, 자기 국적을 바꾸거나 다른 국적을 취득할 권리가 있다.

제16조 성년이 된 남녀는 인종, 국적, 종교의 제한을 받지 않고 결혼할 수 있으며, 가정을 이룰 권리가 있다. 결혼에 관한 모든 문제에 있어서 남녀는 똑같은 권리를 갖는다.

제17조 모든 사람은 혼자서 또는 타인과 공동으로 재산을 소유할 권리가 있다. 어느 누구도 자기 재산을 정당한 이유 없이 남에게 함부로 빼앗기지 않는다.

제18조 모든 사람은 사상, 양심, 종교의 자유를 누릴 권리가 있다.

제19조 모든 사람은 의사표현의 자유를 누릴 권리가 있다.

제20조 모든 사람은 평화적인 집회 및 결사의 자유를 누릴 권리가 있다.

제21조 모든 사람은 직접 또는 자유롭게 선출된 대표자를 통해, 자국의 정치에 참여할 권리가 있다. 모든 사람은 자기 나라의 공직을 맡을 권리가 있다.

제22조 모든 사람은 사회의 일원으로서 사회보장을 받을 권리가 있다.

제23조 모든 사람은 일할 권리, 자유롭게 직업을 선택할 권리, 공정하고 유리

한 조건으로 일할 권리, 실업 상태에서 보호받을 권리가 있다. 모든 사람은 차별 없이 동일한 노동에 대해 동일한 보수를 받을 권리가 있다.

제24조 모든 사람은 노동시간의 합리적인 제한과 정기적 유급휴가를 포함하여, 휴식할 권리와 여가를 즐길 권리가 있다.

제25조 모든 사람은 먹을거리, 입을 옷, 주택, 의료, 사회서비스 등을 포함해 가족의 건강과 행복에 적합한 생활수준을 누릴 권리가 있다.

제26조 모든 사람은 교육받을 권리가 있다. 초등교육과 기초교육은 무상이어야 하며, 특히 초등교육은 의무적으로 실시해야 한다. 부모는 자기 자녀가 어떤 교육을 받을지 '우선적으로 선택할 권리'가 있다.

제27조 모든 사람은 자기가 속한 사회의 문화생활에 자유롭게 참여하고, 예술을 즐기며, 학문적 진보와 혜택을 공유할 권리가 있다.

제28조 모든 사람은 이 선언의 권리와 자유가 온전히 실현될 수 있는 체제에서 살아갈 자격이 있다.

제29조 모든 사람은 자신이 속한 공동체에 대해 한 인간으로서 의무를 진다.

제30조 이 선언에서 말한 어떤 권리와 자유도 다른 사람의 권리와 자유를 짓밟기 위해 사용될 수 없다. 어느 누구에게도 남의 권리를 파괴할 목적으로 자기 권리를 사용할 권리는 없다.

대한민국 헌법 속 국민의 권리

제1조
① 대한민국은 민주공화국이다.
② 대한민국의 주권은 국민에게 있고, 모든 권력은 국민으로부터 나온다.

제10조
모든 국민은 인간으로서의 존엄과 가치를 가지며, 행복을 추구할 권리를 가진다. 국가는 개인이 가지는 불가침의 기본적 인권을 확인하고 이를 보장할 의무를 진다.

제11조
① 모든 국민은 법 앞에 평등하다. 누구든지 성별·종교 또는 사회적 신분에 의하여 정치적·경제적·사회적·문화적 생활의 모든 영역에 있어서 차별을 받지 아니한다.

제12조
① 모든 국민은 신체의 자유를 가진다. 누구든지 법률에 의하지 아니하고는 체포·구속·압수·수색 또는 심문을 받지 아니하며, 법률과 적법한 절차에 의하지 아니하고는 처벌·보안처분 또는 강제노역을 받지 아니한다.
② 모든 국민은 고문을 받지 아니하며, 형사상 자기에게 불리한 진술을 강요당하지 아니한다.

제14조
모든 국민은 거주·이전의 자유를 가진다.

제16조
모든 국민은 주거의 자유를 침해받지 아니한다. 주거에 대한 압수나 수색을 할 때에는 검사의 신청에 의하여 법관이 발부한 영장을 제시하여야 한다.

제17조
모든 국민은 사생활의 비밀과 자유를 침해받지 아니한다.

제18조	모든 국민은 통신의 비밀을 침해받지 아니한다.
제19조	모든 국민은 양심의 자유를 가진다.
제20조	① 모든 국민은 종교의 자유를 가진다.
제21조	① 모든 국민은 언론·출판의 자유와 집회·결사의 자유를 가진다.
제23조	① 모든 국민의 재산권은 보장된다. 그 내용과 한계는 법률로 정한다.
제24조	모든 국민은 법률이 정하는 바에 의하여 선거권을 가진다.
제31조	① 모든 국민은 능력에 따라 균등하게 교육을 받을 권리를 가진다.
제32조	① 모든 국민은 근로의 권리를 가진다. 국가는 사회적·경제적 방법으로 근로자의 고용의 증진과 적정임금의 보장에 노력하여야 하며, 법률이 정하는 바에 의하여 최저임금제를 시행하여야 한다.
제34조	① 모든 국민은 인간다운 생활을 할 권리를 가진다.
제37조	① 국민의 자유와 권리는 헌법에 열거되지 아니한 이유로 경시되지 아니한다. ② 국민의 모든 자유와 권리는 국가 안전보장·질서유지 또는 공공복리를 위하여 필요한 경우에 한하여 법률로써 제한할 수 있으며, 제한하는 경우에도 자유와 권리의 본질적인 내용을 침해할 수 없다.

더 알아보기

우리나라 인권 관련 단체 및 홈페이지

국가인권위원회 www.humanrights.go.kr

국가인권위원회는 인권 전담 독립 국가기관으로 2001년 11월 25일에 설립되었습니다. 인권 관련 정책을 연구하고, 인권 침해와 차별 행위를 조사·구제하는 등의 업무를 수행합니다.

국가인권위원회 인권교육센터 http://edu.humanrights.go.kr

국가인권위원회에서 마련한 인권 교육 사이트입니다. 인권배움터에서 사이버 인권 교육을 받을 수 있고 인권지식터에서 인권 용어 해설과 교육 자료를 볼 수 있어요. 인권체험터에서는 인권 감수성 증진을 위해 광고, UCC, 만화, 동화, 영상, 사진 등 다양한 콘텐츠를 제공합니다.

국제사면위원회 한국지부 http://amnesty.or.kr

국제사면위원회는 전 세계 150여 개국, 300만 회원 및 지지자들과 함께 인권 보호를 위해 활동하는 국제 인권 단체로, 흔히 국제앰네스티로 불립니다. 국제사면위원회 한국지부는 1972년에 창립되어 민주화 운동의 여정과 함께하면서 임원 및 회원들이 구속을 당하는 등 우여곡절을 겪었습니다. 현재는 1만 5천여 명의 회원과 함께 다양한 캠페인을 벌이며, 우리나라를 비롯하여 전 세계 인권 실태를 조사하고 인권 침해를 막기 위해 행동합니다.

세계인권선언 60만 읽기 캠페인 http://udhr60.humanrights.go.kr

국가인권위원회가 2008년에 세계인권선언 60주년을 맞이하여 국민들에게 세계인권선언을 직접 읽어 보는 기회를 마련해 주고자 만들었습니다. 세계인권선언을 음성으로 읽어 주기도 하고 만화 비전도 있으며, 퀴즈와 특강 자료 등 즐기며 공부할 거리가 풍성합니다.

인권연대 www.hrights.or.kr

우리나라의 민간 인권 단체인 인권연대 홈페이지입니다. 인권연대가 하는 활동을 살펴볼 수 있고, 각종 칼럼이나 자료도 풍부하며 게시판에서 의견을 자유롭게 나눌 수 있어요.

인권운동사랑방 www.sarangbang.or.kr

우리나라 인권 운동가들의 모임인 '인권운동사랑방' 홈페이지입니다. 인권오름이라는 주간 인권 신문을 볼 수 있고 인권 영화제 소식도 제공받을 수 있으며, 인권 운동을 어떻게 하고 있는지 지켜볼 수 있어요.

청소년인권행동 아수나로 www.asunaro.or.kr

2004년 설립된 '청소년인권연구포럼 아수나로'를 모태로, 2006년에 출범하여 현재까지 활동하고 있는 청소년 인권 단체입니다. 아수나로는 모든 청소년이 인권을 보장받는 사회를 만들려는 목적을 지니고, 이를 위해 청소년 스스로가 행동하는 것을 원칙으로 삼습니다. 지역 모임을 통해 지역 곳곳에서 교류하며, 소식지를 만들고, 청소년 인권 이슈와 관계된 현장에서 목소리를 내는 등의 활동을 펼칩니다.

한국인권재단 www.humanrights.or.kr

1999년에 유엔 세계인권선언 50주년 기념사업위원회를 기반으로 설립된 비영리 민간재단입니다. 인권 문화를 확산하고 인권 활동을 지원하는 교류, 소통, 연대의 기반을 만들겠다는 목표 아래 인권회의 개최, 생활인권 프로젝트, 인권홀씨상 수여, 인권 활동 지원 등의 다양한 사업을 펼칩니다.

외국의 인권 관련 단체 및 홈페이지

유엔의 인권 교육 www.un.org/cyberschoolbus/humanrights/index.asp

유엔의 인권 교육 온라인 사이트입니다. 세계인권선언을 쉽게 풀어 쓴 선언문을 볼 수 있고, 인권에 관한 질문과 학습 활동을 할 수 있어요.

휴먼라이츠워치 www.hrw.org

휴먼라이츠워치(HRW, Human Rights Watch) 홈페이지입니다. 휴먼라이츠워치는 전 세계 사람들의 인권을 보호합니다. 각국의 인권 침해 사례를 조사해서 널리 알리고 인권 침해자들을 지목하여 책임을 묻습니다. 이 단체는 국제 인권법을 존중하면서, 폭력적인 관행을 끝내려고 정부와 권력을 가진 사람들에게 대항합니다.

찾아보기

ㄱ
가자 90
감시 사회 74~78, 80
결사 71
고문 64~67
관타나모 만 65
교육받을 권리 100~101
국가 주권 14~15, 38, 121
국제노동기구 92
국제사면위원회 68, 113, 116
국제연합UN 45~48
국제형사재판소ICC 48, 108
권리의 주장 111~113
권리의 충돌 15~16

ㄴ
나치 34~35, 38, 118
난민 13, 82~83
노동자의 권리 72, 93~100
노동조합 71~72, 93, 98~99
노무현 50
노예 21~24, 30~32, 63
뉘른베르크 전범 재판 38

ㄷ
다르푸르 분쟁 108, 110
도쿄 전범 재판 36, 38
독립선언문(미국) 29~31, 41, 59

ㄹ
르완다 47~48, 50

ㅁ
마그나 카르타 26~27
마틴 루터 킹 60~61, 63
망명 82~83
맹자의 역성혁명 25~26
문화적 차이 14, 18
물과 식량 87~90
미국 29~31, 33~34, 36, 48, 50~51, 59~61, 64~65, 89, 102, 110~111, 115

ㅂ
박정희 66, 81
반인륜 범죄 38, 48, 108
버락 오바마 50, 63, 64

ㅅ
보건권 102~103
비정부기구NGO 49

사생활(프라이버시) 77
사형제 67~69
사회 안전망 89, 97
사회계약설 28~29
생명권 33, 67~68
선거권 31, 56, 58, 62
성 노예 22, 34, 36~37
성 매매 63, 94
세계인권선언 45~47, 55, 58, 92, 121~125

ㅇ
아파르트헤이트 62
언론의 자유 80~81
여성의 권리 56, 109
연대 117
영국 26~29, 47, 50~51, 56, 69~71, 74~75, 82~83, 102, 109
우리나라/한국 22~25, 34~

37, 50, 66, 68, 75~76, 78, 95~100, 102~103, 107, 110~112, 119~120
의무 12, 15~16, 25, 104, 112, 117~120
이스라엘 90, 92
이슬람교도 113~114
인권 침해 13~15, 33, 49~50, 52, 108, 110, 116~117, 119, 121
인종차별 59~63, 80, 111
일본 23~24, 34~39

ㅈ

전두환 66~67, 81, 110
전쟁 33~41
전태일 97~100
정당방위 69~70
종교 24~25, 80, 82, 114
주거 90~92
중국 34~35, 48, 58, 68, 74, 79, 91, 110, 116
집회 71~72

ㅊ

천안문 79, 116

ㅌ

테러 64~66, 69~70, 74~75, 83
토마스 페인 29~31

ㅍ

평등권 55
표현의 자유 78, 82, 113
프랑스혁명 29~30

ㅎ

할례 57, 59
홀로코스트 34~35
휴먼라이츠워치 49, 90

731부대 36

내인생의책은 한 권의 책을 만들 때마다
우리 아이들이 나중에 자라 이 책이 '내 인생의 책'이라고 말할 수 있는 책을 만들고자 합니다.

세상에 대하여 우리가 더 잘 알아야 할 교양
⑮ **인권** 인간은 어떤 권리를 가질까? (원제: What Are Human Rights?)

은우근, 조셉 해리스 글 | 전국사회교사모임 옮김

1판 1쇄 2012년 10월 23일 | 1판 3쇄 2016년 5월 23일
펴낸이 조기룡 | 펴낸곳 내인생의책 | 등록번호 제10-2315호
주소 서울시 영등포구 당산동4가 80 SKV1 Center W동 1801호
전화 (02)335-0449, 335-0445(편집) | 팩스 (02)335-6932
전자우편 bookinmylife@naver.com | 카페 http://cafe.naver.com/thebookinmylife
편집장 이은아 | 편집1팀 신인수 이다겸 | 편집2팀 조정우 김예지
디자인 안나영 김지혜 | 마케팅 강보람 | 경영지원 조하늘
사진제공 (재)전태일재단 Photo Pin

Text ⓒ 은우근, 2012

이 책의 한국어판 저작권은 BC 에이전시를 통한
저작권자와의 독점 계약으로 **내인생의책**에 있습니다. 신 저작권법에 의해
한국 내에서 보호를 받는 저작물이므로 무단전재와 무단복제를 금합니다.
ISBN 978-89-97980-05-5 44300
ISBN 978-89-91813-19-9 44300(세트)

Global Questions : What Are Human Rights?
2010 ⓒ Arcturus Publishing Limited
All rights reserved.
No part of this book may be used or reproduced in any manner whatever without written permission,
except in the case of brief quotations embodied in critical articles or reviews.
Korean Translation Copyright ⓒ 2012 by TheBookinMyLife
Published by arrangement with Arcturus, 26/27 Bickels Yard, 151-153 Bermondsey Street, London SE1 3HA
through BC Agency, Seoul.

책값은 뒤표지에 있습니다.
잘못된 책은 구입처에서 바꾸어 드립니다.

이 도서의 국립중앙도서관 출판시도서목록(CIP)은 e-CIP 홈페이지(http://www.nl.go.kr/ecip)에서 이용하실 수
있습니다. (CIP제어번호: CIP2012004742)

디베이트 월드 이슈 시리즈

세상에 대하여 우리가 더 잘 알아야 할 교양

전국사회교사모임 선생님들이 번역한 신개념 아동·청소년 인문교양서!

《디베이트 월드 이슈 시리즈 세더잘》은 우리 아이들에게 편견에 둘러싸인 세계 흐름에서 벗어나 보다 더 적확한 정보와 지식을 제공합니다. 모두가 'A는 B이다.'라고 믿는 사실이, 'A는 B만이 아니라, C나 D일 수도 있다.'라는 것을 알려 주면서 아이들이 또 다른 진실을 발견하도록 안내합니다.

★ 전국사회교사모임 추천도서 ★ 문화체육관광부 우수교양도서 ★ 한국간행물윤리위원회 청소년 권장도서 ★ 서울시교육청 추천도서
★ 보건복지부 우수건강도서 ★ 아침독서 추천도서 ★ 대교눈높이창의독서 선정도서 ★ 학교도서관저널 추천도서

① 공정무역 ② 테러 ③ 중국 ④ 이주 ⑤ 비만 ⑥ 자본주의 ⑦ 에너지 위기 ⑧ 미디어의 힘 ⑨ 자연재해 ⑩ 성형 수술 ⑪ 사형제도 ⑫ 군사 개입 ⑬ 동물실험 ⑭ 관광산업 ⑮ 인권 ⑯ 소셜 네트워크 ⑰ 프라이버시와 감시 ⑱ 낙태 ⑲ 유전 공학 ⑳ 피임 ㉑ 안락사 ㉒ 줄기세포 ㉓ 국가 정보 공개 ㉔ 국제 관계 ㉕ 적정기술 ㉖ 엔터테인먼트 산업 ㉗ 음식문맹 ㉘ 정치 제도 ㉙ 리더 ㉚ 맞춤아기 ㉛ 투표와 선거 ㉜ 광고 ㉝ 해양석유시추 ㉞ 사이버 폭력 ㉟ 폭력 범죄 ㊱ 스포츠 자본 ㊲ 스포츠 윤리 ㊳ 슈퍼박테리아 ㊴ 기아 ㊵ 산업형 농업 ㊶ 빅데이터 ㊷ 다문화 ㊸ 제노사이드 ㊹ 글로벌 경제 ㊺ 플라스틱 오염 ㊻ 청소년 노동

세더잘 45
플라스틱 오염 재활용이 해답일까?
제오프 나이트 글 | 한진여 옮김 | 윤순진 감수

플라스틱 재활용과 친환경 플라스틱으로도 충분히 플라스틱 오염을 막을 수 있다
vs 플라스틱 오염의 근본적 대책은 플라스틱 사용을 금지하는 것이다

플라스틱 탄생의 역사에서부터 플라스틱 생성 원리, 플라스틱 오염을 막기 위한 현실적인 대안들에 이르기까지 플라스틱을 둘러싼 역사적, 과학적, 사회적 주제들을 빠짐없이 다루고 있습니다. 더불어 편리함 속에 숨어 있는 플라스틱의 위험을 알려주면서 어떻게 이 위험을 극복할 수 있는지 다각도로 생각해 볼 수 있는 기회를 제공합니다.

세더잘 44
글로벌 경제 나에게 좋은 걸까?
리처드 스필베리 글 | 한진여 옮김 | 강수돌 감수

글로벌 경제는 인류의 삶에 풍요를 가져왔다
vs 글로벌 경제는 빈부 격차를 확대하고 환경을 파괴할 뿐이다

글로벌 경제란 국가 간 무역량이 늘어나면서 나라와 나라 사이의 경제 활동이 더 자유로워지고 상호 의존도가 높아지는 경제를 말합니다. 글로벌 경제는 그동안 인류의 삶을 풍요롭게 하는 데 큰 역할을 했지만 한편으로는 환경 파괴나 노동 소외 등의 문제를 불러 일으켰습니다. 과연 글로벌 경제는 나의 삶에 좋은 것일까요?

세더잘 43
제노사이드 집단 학살은 왜 반복될까?
마크 프리드먼 글 | 한진여 옮김 | 홍순권 감수

제노사이드는 정치 권력자의 범죄이므로 이들을 확실하게 처벌하면 재발을 막을 수 있다
vs 제노사이드는 국제사회(UN)와 개인들이 힘을 모아야 근절시킬 수 있다

인류 역사에는 한 민족이 다른 민족을 집단으로 학살하는 비극이 지속적으로 발생해 왔습니다. 아르메니아 대학살부터 아우슈비츠 학살까지 역사는 되풀이됩니다. 과연 제노사이드는 어떻게 막을 수 있을까요? 주동자를 처벌하면 될까요? 국제 사회의 노력이 필요할까요?

세더잘 42
다문화 우리는 단일민족일까?
박기현 글 | 변종임 감수

우리는 단일민족이기 때문에 다문화 사회로의 전환이 원칙적으로 어렵다
vs 우리는 원래 다문화 사회였기 때문에 행복한 다문화 사회를 만들 수 있다

최근 한국 사회에도 다문화 가정이 많이 늘어나는 추세입니다. 하지만 여전히 다른 인종과 다른 민족에 대한 편견과 차별이 존재하고 있는 것이 현실이지요? 과연 한국은 다문화 사회로의 성공적인 전환이 가능할까요?

| 청소년 지식수다 |

친구처럼 말을 건네는 살아 있는 지식!

청소년 지식수다는 시사적인 이슈를 사회, 과학, 경제, 문화적 관점에서 들여다보며 세상을 해석하는 나만의 시각을 길러 줍니다.

⑦ **일단 앉아 봐** 심리학 좀 공부해 본 선생님이 들려주는 인생 꿀팁

★15세상담연구소 한영주 소장 추천도서★

청소년들의 고민을 귀 기울여 담아낸 조언집 《일단 앉아 봐》에서는 심리학에서 입증된 이론을 바탕으로 일상생활에서 청소년들이 자신의 마음을 스스로 잘 다스리며 성장할 수 방법을 구체적으로 알려 준다. 책은 자아, 집, 학교, 친구, 스마트 기기의 순서로 청소년들이 직접 고민할 법한 상황별 대처법을 제시한다.

에런 밸릭 지음 | 김인 옮김

*청소년 지식수다는 계속 출간됩니다.

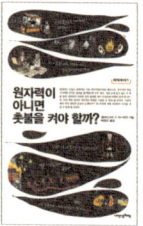

① 원자력이 아니면 촛불을 켜야 할까?

장바티스트 드 파나피외 글 | 쥘리앙 르 브뤼 그림 | 곽영직 감수 | 배형은 옮김

② 신문, 읽을까 클릭할까?

마리용 기요 글 | 니콜라 와일드 그림 | 김민하 감수 | 이은정 옮김

아는 만큼 건강해지는 성
③ 청소년 빨간 인문학

키라 버몬드 글 | 박현이 감수 | 정용숙 옮김

④ 언어가 사라지면 인류는 어떻게 될까?

실비 보시에 글 | 안느 루케트 그림 | 이기용 감수 | 배형은 옮김

⑤ 돈을 알면 세상이 보일까?

알렉상드르 메사제 글 | 파코 그림 | 노상채 감수 | 김보희 옮김

⑥ 경제 성장이라는 괴물

실비 뮈니글리에 · 브누아 브로이야르 글 | 마튜 드 뮈종 그림 | 윤순진 감수 | 김보희 옮김